百万都市を俯瞰する

江戸の間取り

安藤優一郎 著

彩図社

はじめに

江戸は五〇〇年以上も前から関東の港湾都市として賑わいを見せていたが、天正18年（1590）に徳川家康が居城に定めたことで、大きく変貌を遂げた。当初は軍事拠点として城の整備が進められ、関ヶ原で徳川家が勝利したのち武家人口・町人人口が急増すると、一大消費地点として発展。ついには世界最大級の百万都市にまで成長し、現代東京の礎が築かれることとなる。

本書では、そんな江戸という巨大城下町を、「間取り」を介して解説していく。具体的には江戸城のほか、武家地、町人地、寺社地、江戸郊外地という五つの土地毎に章を分け、各建物の内部構造や周辺の俯瞰図《ふかんず》を見ながら、江戸に住む人々の暮らしに迫っている。

江戸城の項では、今はなき天守のほか、将軍とその家族が住み幕府の政庁空間でもあった本丸御殿の間取りを紹介する。

続く武家地の項では、大名屋敷、旗本・御家人屋敷に加えて、幕府が江戸の各所に設けた施設を取り上げる。行政関連の施設としては、時代劇でもお馴染みの町奉行所、牢屋敷、人足寄場《にんそくよせば》、養《よう》生所《じょうしょ》などの間取りを紹介する。

町人地の項では、経済力のある町人が住んだ表店《おもてだな》、懐の寂しい町人が住んだ裏店のほか、自身番《じしんばん》屋《や》・木戸番屋《きどばんや》などの公共施設、湯屋《ゆや》などの共同施設、そして娯楽施設の芝居小屋・吉原の間取りを紹介する。

寺社地の項では、将軍から厚い崇敬を受けた増上寺《ぞうじょうじ》・寛永寺《かんえいじ》・浅草寺、日枝《ひえ》神社の境内図などを紹介する。

最後の江戸郊外地の項では、宿場町のうち江戸四宿の一つである東海道品川宿、農村部では八王子宿に住む千人同心組頭《せんにんどうしんくみがしら》の屋敷、多摩郡野崎村名主の屋敷の間取りを紹介する。

この五つの切り口を通じて、城下町江戸で暮らす武士や町人の生活を、様々な間取り図とともに解き明かしていこう。


本書執筆にあたっては彩図社編集部の名畑諒平氏の御世話になりました。深く感謝いたします。

2019年11月

安藤優一郎

百万都市を俯瞰する
江戸の間取り

目次

第二章　武家地の間取り

第三章 町人地の間取り

第四章　寺社地の間取り

第五章　江戸郊外地の間取り

江戸全体図

隅田川
本所
深川
武家地…1169万2591坪
町人地…269万6000坪
寺社地…266万1747坪
（明治政府による1869年の調査に基づく）

（『徹底図解　江戸時代』所収図などを元に作成）

総説　百万都市江戸の基本

❖武家地・町人地・寺社地という江戸の間取り

江戸開府から一〇〇年後の18世紀には人口が一〇〇万人を超えた江戸は、身分により三つに区分される都市であった。前ページに図示したように、武士が住む武家地、町人が住む町人地、寺社が鎮座する寺社地の三つから構成されたが、どの城下町でもあてはまる区分である。

江戸時代が終わりを迎えた直後の明治2年（１８６９）に、政府は江戸改め東京の土地調査を実施して次のような集計結果を得る。武家地は一一六九万二五九一坪、町人地は二六九万六〇〇〇坪、寺社地は二六六万一七四七坪。江戸の面積は計一七〇五万三三八坪となる計算だった。

江戸は**武家地が約70％**を占め、**町人が住む町人地と寺社地が同じく約15％ずつを分け合った**ことがわかるが、江戸は城下町であった以上、城を中心に武家地が過半を占めたのは当然だろう。

江戸が百万都市に成長する転機となったのは、明暦《めいれき》3年（1657）に起きた明暦の大火である。

江戸城をはじめ城下の過半が焼失する大惨事であったが、幕府はこれを教訓に江戸の防災都市化を強力に推進する。

将軍の住む江戸城を守るため、その周辺に集中していた大名や幕臣の屋敷、町人が住む屋敷、そして寺院や神社までも江戸郊外の農村部へ大々的に移転させる都市改造を断行したのだ。建物がたて込んでいて火事による被害が拡大してしまったことへの深刻な反省が背景にあった。

これが呼び水となる形で、江戸は急速に膨張する。江戸郊外の農地が宅地化されて人が住みはじめる流れに拍車がかかった。特に町人の人口が急増した結果、江戸は百万都市へと成長する。

江戸の町人は町奉行所の支配下にあったが、江戸初期は日本橋や神田など「古町」と呼ばれた約三〇〇ケ町が町奉行に支配されたに過ぎなかった。現在の千代田区や中央区にあたる。

しかし、明暦の大火後の都市改造により、江戸郊外の農村部が町場化して町人が住みはじめると、町奉行の支配範囲も拡大する。明暦の大火から五年後の寛文《かんぶん》2年（1662）には、芝・三田・飯倉から下谷《したや》・浅草までの約三〇〇ケ町が町奉行支配に編入された。港区や台東区も江戸に編入された格好だ。もともとは代官支配の村（農地）であったものの、町場化したことで町奉行支配に組み込まれたのである。

正徳《しょうとく》3年（1713）、同じく代官支配下にあった浅草・小石川・牛込・市谷・四谷・赤坂・麻布の二五九町が町奉行支配に編入される。新宿区や文京区も江戸となったが、この段階で計九三三町に達し、江戸八百八町《はっぴゃくやちょう》を超えた。

享保4年（1719）には、隅田川東岸に広がる本所《ほんじょ》・深川地域も同じく町奉行支配となる。時代劇の舞台にもなることが多い本所・深川は、ようやく八代将軍吉宗の頃に入り江戸として認定された。墨田区や江東区も江戸となったのだ。延享《えんきょう》2年（1745）には、寺社の門前町四四〇カ所なども寺社奉行から町奉行支配へと移管される。

こうして、町奉行支配地つまり町人地は江戸の土地の15％を占め、町人の人口も武家の人口と同じく、ゆうに五〇万人を超えるのである。

❖朱引と墨引

町人（地）の支配にあたる町奉行所は、郊外の農村部に町人が住み着いて町場化するのを追いかける形で、該当の町場を町人地として認定する。支配下に組み入れることで、江戸の町に編入していった。

だが、町場化のスピードが速いあまり、町奉行所はそんな現状を充分に把握できなくなる。その結果、江戸の町の範囲と町奉行支配地域（町人地）が一致しない事態が起きはじめた。

よって、**幕府内でも担当部局で江戸の町の範囲が異なっていた**。寺社が堂社を修復するための寄付を一般に募ることを勧化《かんげ》と言ったが、寺社奉行が江戸の町を対象に勧化を許可する場合、その範囲（勧化場という）は町奉行支配地域よりも広かった。後に**「朱引内《しゅびきうち》」**と称されることになる範囲にほぼ等しい。寺社奉行がイメージする江戸の町は町奉行のイメージよりも大きかったのである。

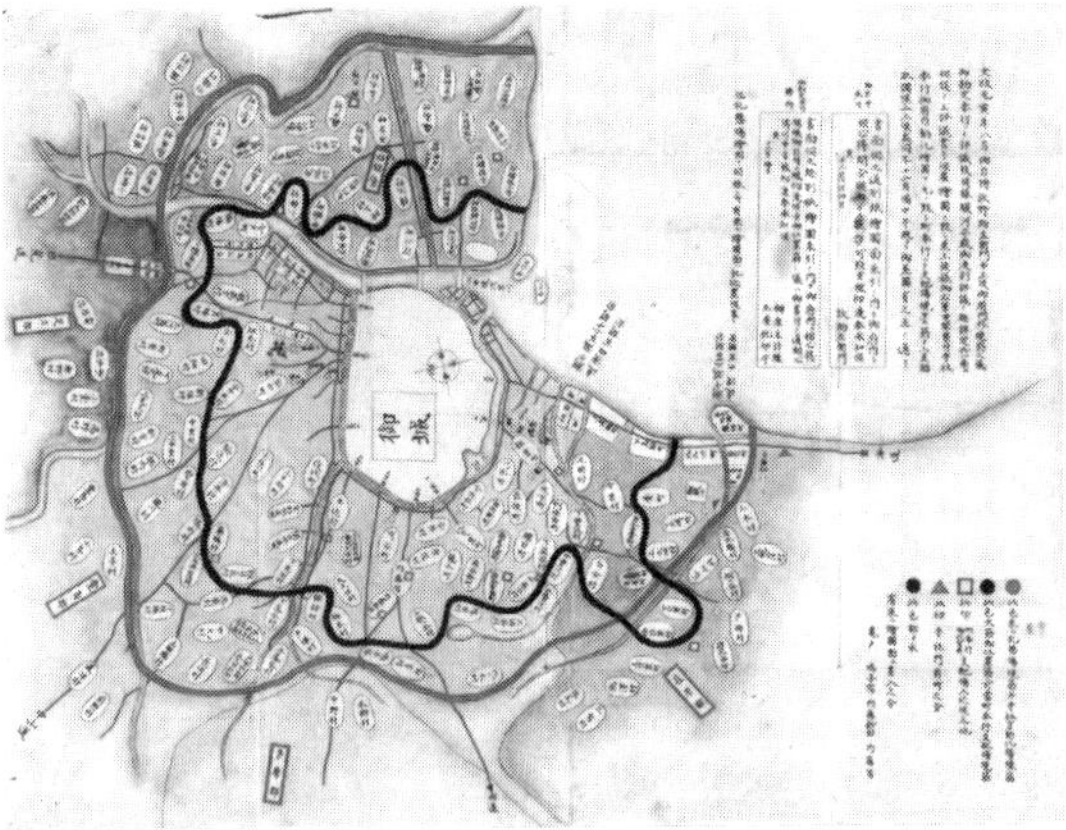

「旧江戸朱引内図」。外側の線が朱引、内側の黒い線が墨引（東京都公文書館所蔵）

　このように、町奉行や寺社奉行で江戸の町の範囲が異なっていた。幕府は見解を統一する必要に迫られる。

　文政元年（1818）、幕府は寺社の勧化場をもとに江戸の絵図に朱線を引き、江戸の町つまり御《ご》府内《ふない》の範囲を確定する。以後、御府内は「朱引内」と称された。同じ絵図には町奉行支配の範囲も墨で引かれ、**「墨引内《すみびきうち》」**と称された。江戸の町が町奉行支配地域を越えて拡大していたことが図面でも明示される。

　江戸は膨張を続けたまま、やがて明治を迎えて東京となるのである。

第一章　江戸城の間取り

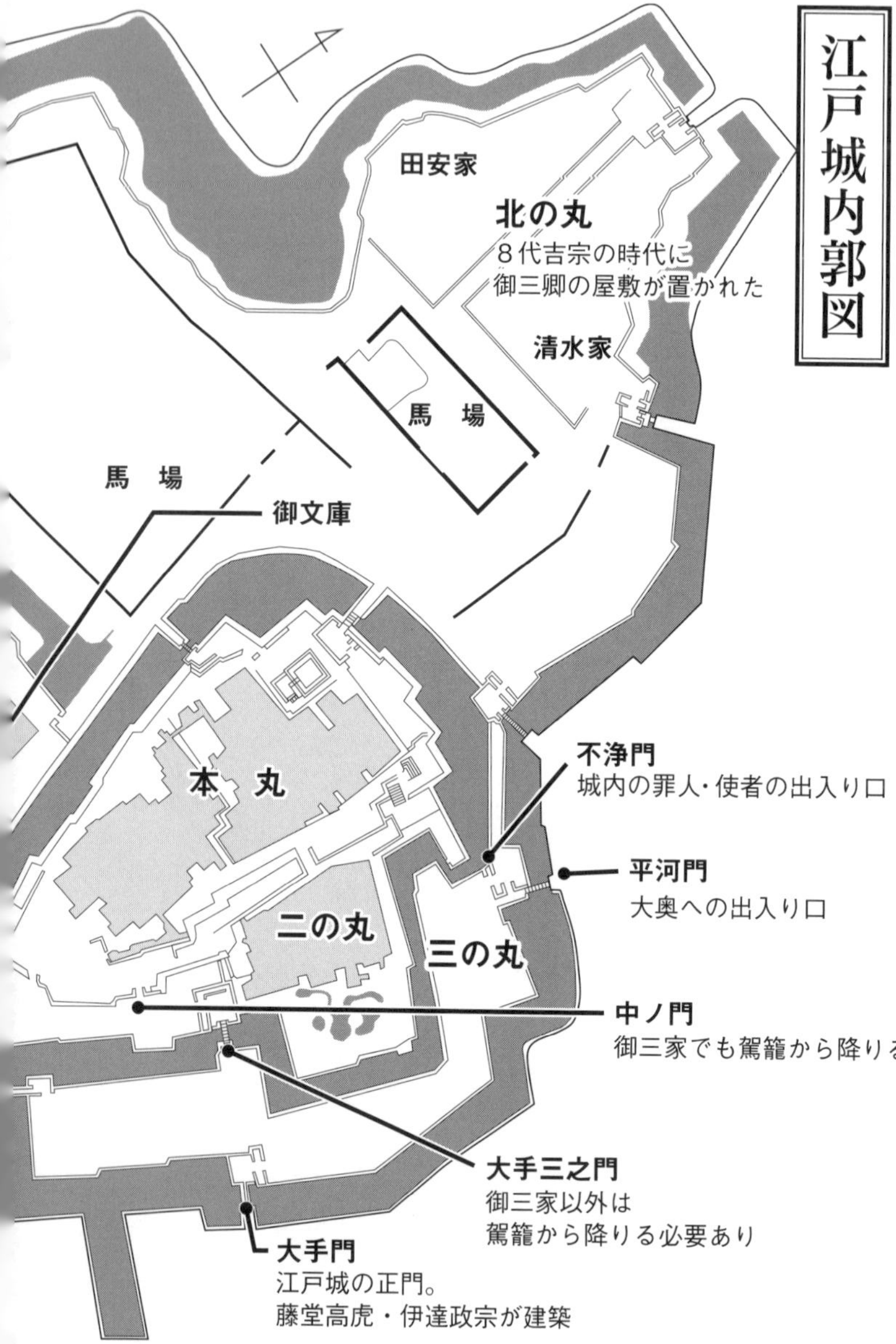
江戸城内郭図
田安家
北の丸
8代吉宗の時代に
御三卿の屋敷が置かれた
清水家
馬　場
馬　場
御文庫
本　丸
二の丸
三の丸
不浄門
城内の罪人・使者の出入り口
平河門
大奥への出入り口
中ノ門
御三家でも駕籠から降りる
大手三之門
御三家以外は
駕籠から降りる必要あり
大手門
江戸城の正門。
藤堂高虎・伊達政宗が建築

（広さ…30万6760坪）

半蔵門
甲州道中へつながる。
山王祭の出車が入城した

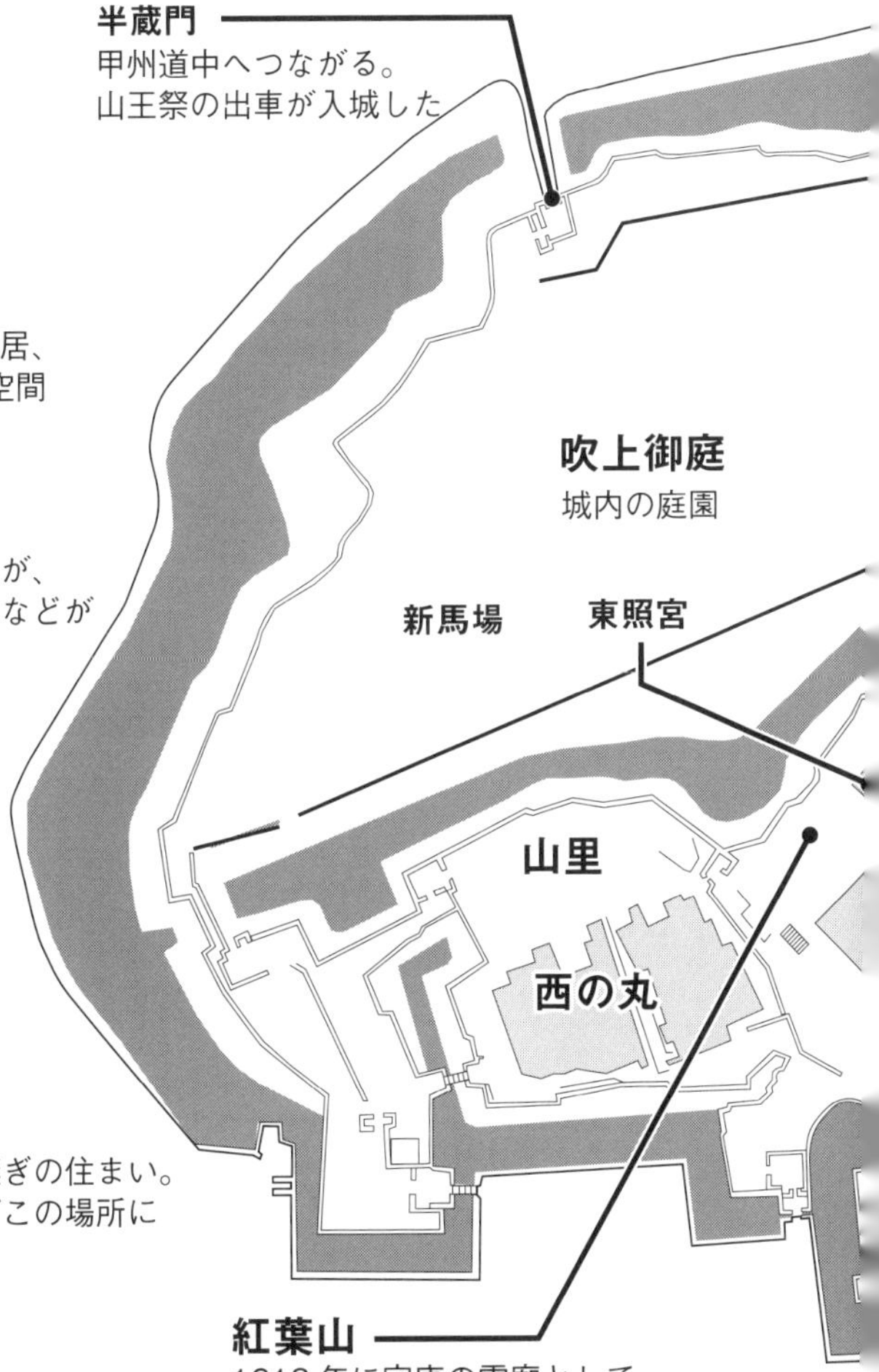

本丸
将軍や御台所らの住居、
役人の仕事場、儀礼空間

二の丸
将軍の別邸であったが、
後には前将軍の正室などが
住む

三の丸
５代綱吉の生母
桂昌院が住んだが、
その後は御殿が
置かれなかった

西の丸
隠居した将軍や跡継ぎの住まい。
明治維新後は天皇がこの場所に
住まいを移した

紅葉山
1618 年に家康の霊廟として
この地に東照宮が置かれた。
３代家光の時代には、将軍の
書庫である御文庫が新設された

堀・池など水部
建物

（『東京市史稿 皇城篇 附図』『江戸博覧強記』所収の江戸城内郭図などを元に作成）

江戸城本丸

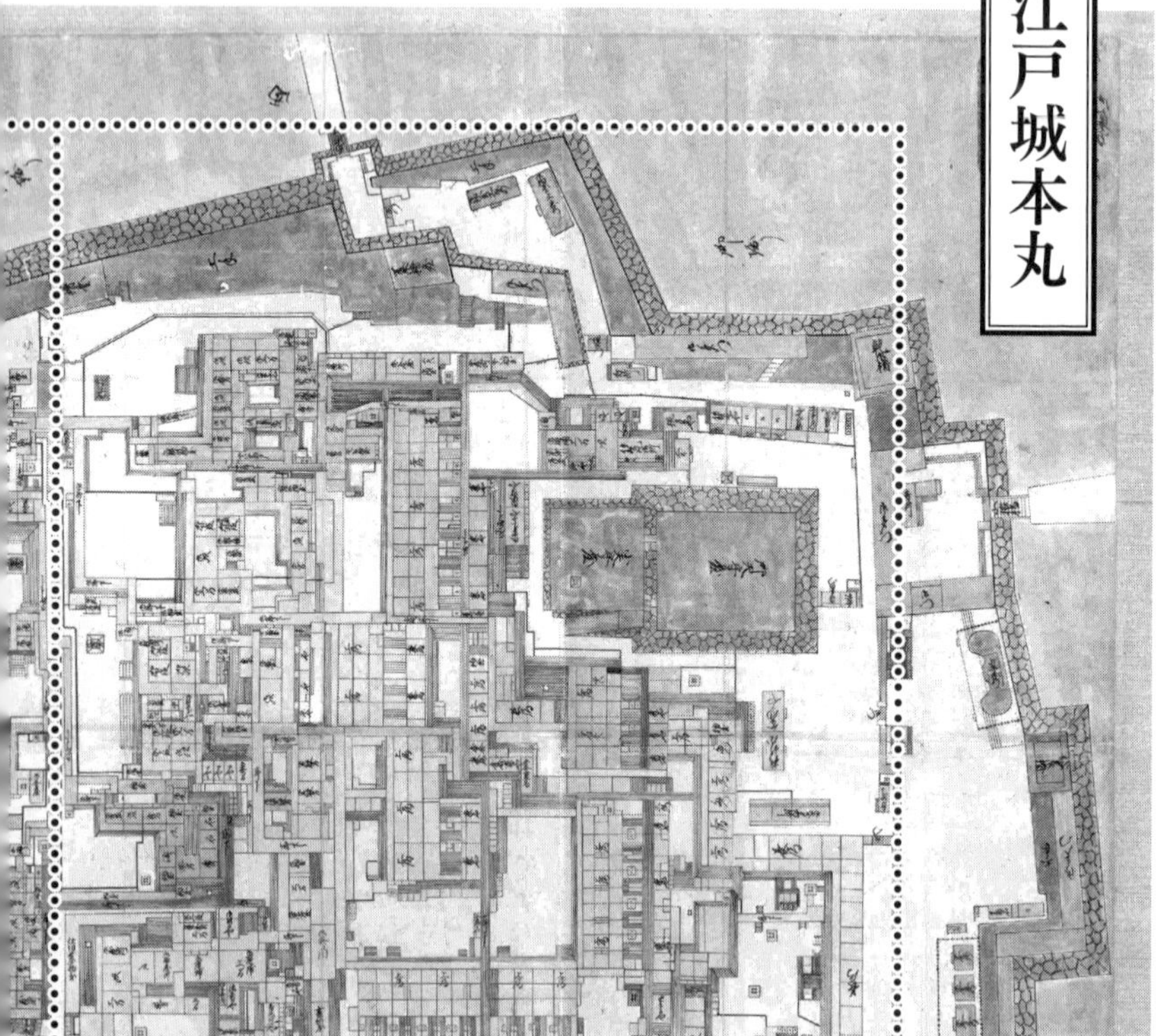

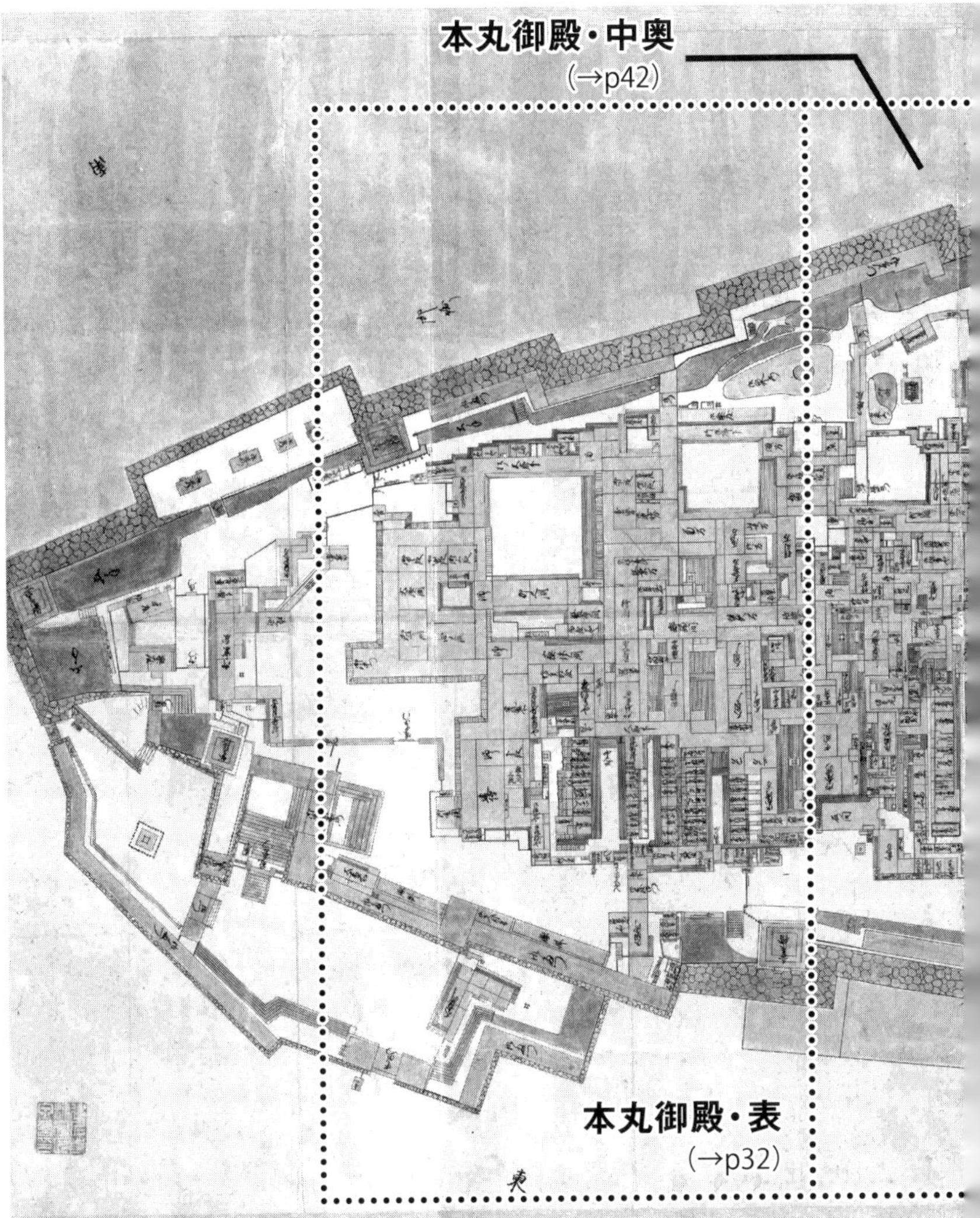

(「江戸城御本丸御表御中奥御大奥総絵図」都立中央図書館特別文庫室所蔵)

江戸城の基本

戦国時代に日本全国にわたって夥《おびただ》しく築かれた城のなかでも、これからみていくとおり江戸城は**その桁外れの巨大さが何よりもの特徴**である。将軍という武家の棟梁《とうりょう》にふさわしい威容を誇る城郭《じょうかく》とすることで、諸大名を屈服させたい徳川家康の意図が秘められていた。

応仁の乱の少し前にあたる長禄《ちょうろく》元年（1457）に太田道灌《おおたどうかん》によって築かれた江戸城は、天正18年（1590）に徳川家康が居城と定めたことで小田原城に代わり関東を支配する城となる。家康入城時の江戸城は本丸と二の丸、三の丸しかなく、その規模も三万坪ほどだった。

家康は江戸城を関東支配にふさわしい城とするため、本丸と二の丸・三の丸を区切っていた空堀《からぼり》を埋め立てることで本丸の規模を拡大させる。西の丸の築造も開始するが、豊臣秀吉から伏見城築城の手伝いを命じられたため拡張工事は頓挫してしまう。

慶長8年（1603）、家康は征夷大将軍に任命されて江戸に幕府を開く。以後は「天下普請《てんかぶしん》」と称し、全国の大名を動員して江戸城及び城下町の拡張工事に着手することになる。工事は、三代将軍家光の時代まで三〇年以上も続き、日本最大の城郭が完成する。その巨大さは以下にみるとおり数字からも確認できる。

城は内郭《ないかく》と外郭《がいかく》から構成される。城の外側に廻らされたのが外郭（総構《そうがま》えともいう）で、その内部に設けられた郭《くるわ》が内郭だ。内郭は内堀で区切られ、外郭は城下町も含み込む格好で外堀により区切られた。内郭・外郭の要所には城門が設けられ、防御力が高められる構造だった。

明治に入り皇居に定められた時の数字によれば、江戸城内郭の面積は堀を含めて三〇万六七六〇坪にも達した。東京ドーム二一個分以上にあたる。

本丸を囲むように、東側に二の丸と三の丸、南西側に西の丸、北側に北の丸、西側に吹上御庭《ふきあげおにわ》などが配置された。本丸、二の丸、三の丸、西の丸は防御力を強化するため、各空間が水堀で区切られた。本丸の規模は三万四五三九坪。二の丸は二万七五八五坪。三の丸は二万七〇六七坪、西の丸は六万八三八五坪。吹上御庭が一三万五六八坪だった（『東京市史稿　皇城篇』）。

本丸・二の丸・三の丸・西の丸には御殿《ごてん》が造られた。本丸御殿は現将軍とその家族、二の丸御殿は前将軍の御台所《みだいどころ》（正妻のこと）など、三の丸御殿は五代将軍綱吉の生母桂昌院《けいしょういん》などが住んだ。西の丸御殿には前将軍や将軍世子《せいし》が住んだ。後に北の丸には、八代将軍吉宗が創設した徳川御三卿《ごさんきょう》のうち田安《たやす》徳川家と清水《しみず》徳川家の屋敷が建てられる。

西の丸御殿は、本丸御殿が焼失した時に将軍の住居として代用された。本丸御殿も西の丸御殿も何度か焼失するが、文久3年（1863）に本丸御殿が焼失した後は再建されなかったため、代用された西の丸御殿が将軍の住居として江戸城開城の時を迎える。

江戸の間取り
01

江戸城天守
強固な防御力を誇る要塞だった旧江戸城

❖連立式天守の建設

かつて江戸城の本丸には図に示したとおり壮大な天守が聳《そび》え立っていたが、その歴史は短かった。江戸初期の五〇年ほどに過ぎない。二度にわたって焼失と再建を繰り返し、明暦《めいれき》3年（1657）の明暦の大火で三たび焼失すると、以後天守は再建されなかった。

家康により造られた江戸城最初の天守は、慶長12年（1607）に完成する。最近までその詳細は不明だったが、島根県松江市の松江歴史館が収蔵する「江戸《えど》始図《はじめず》」の調査を通じて、現存する姫路城天守と同じく、一つの大天守と三つの小天守が渡櫓《わたりやぐら》で繋がれた連立式天守であったことが判明した。大天守、小天守、渡櫓で囲まれた空間は天守曲輪《てんしゅくるわ》と呼ばれ、天守の防御力を高める効果が

◎江戸城天守の間取り（1607~1609）

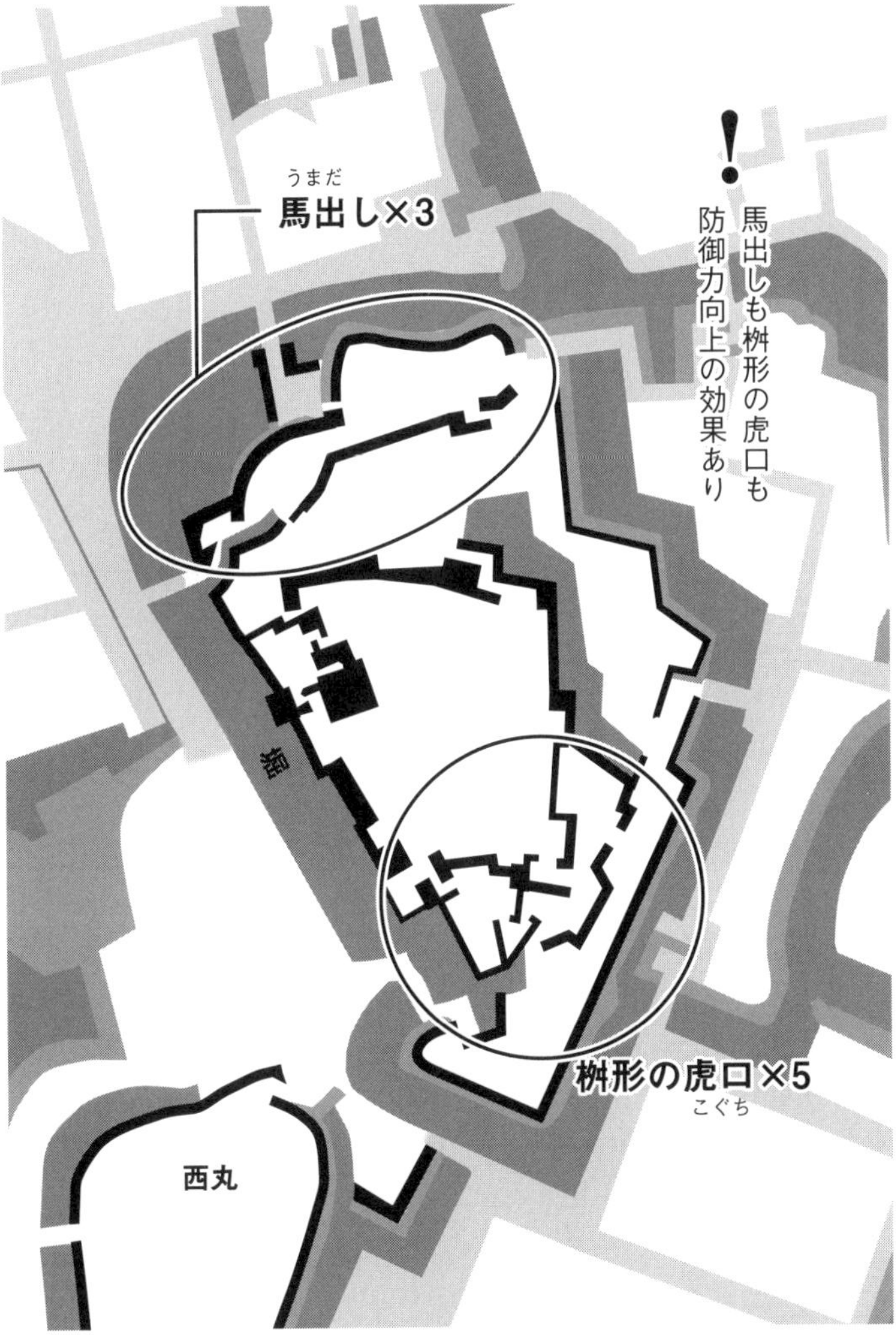

「江戸始図」を元に作成

◎馬出しイメージ

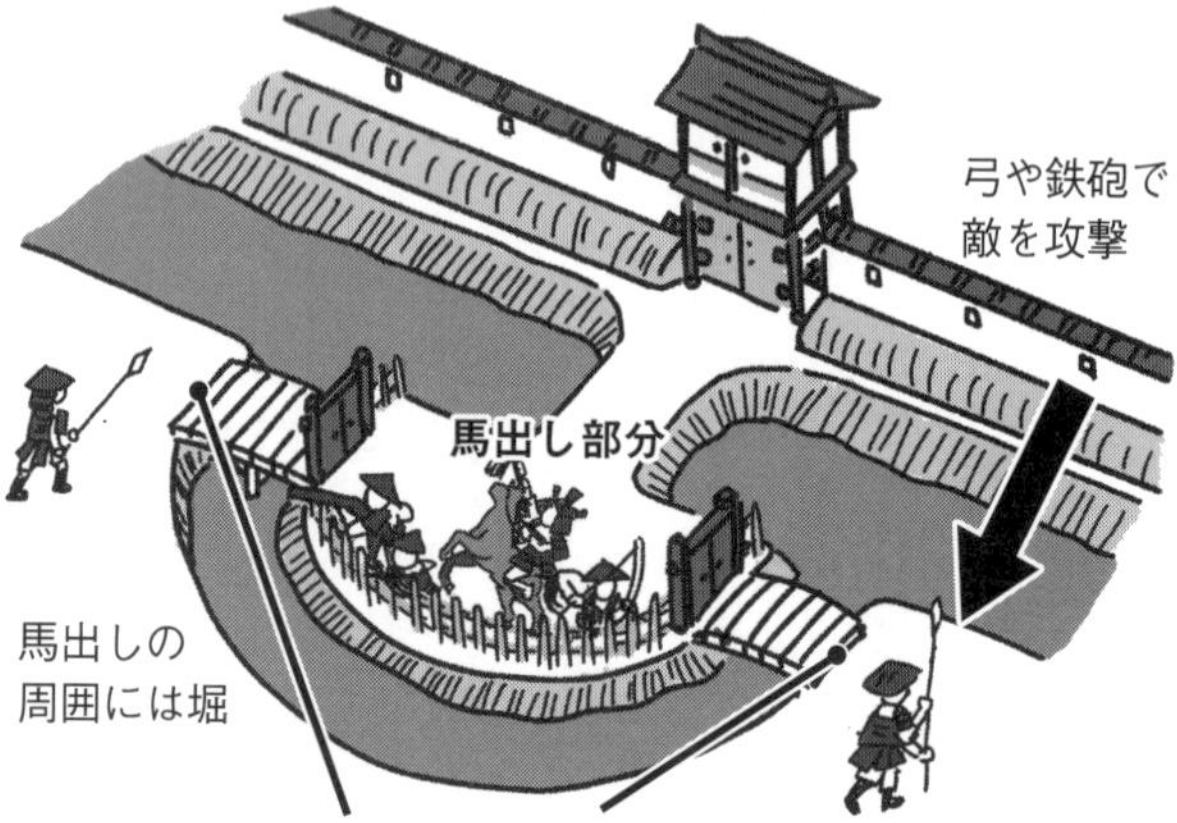
敵の侵入路を限定

期待された造りである。

その規模だが、小天守だけで姫路城大天守と同じくらいと推定されている。天守台も加えると、その高さは約六九メートルに達し、姫路城天守よりも二〇メートル以上高い。秀吉が造った大坂城天守も凌駕し、紛れもなく日本最大の規模であった。

城主の権威の象徴であるにとどまらず、**強固な防御力を持つ要塞**だった。天守本体は、五層で地上五階地下一階だったようだ。

さらに、本丸南側には**枡形《ますがた》の虎口《こぐち》**を五段連ねることで、天守を含めた本丸の防御力そして反撃力が強化されている。虎口とは城郭への出入り口のことだが、枡形の区画とすることで直進できないようにする仕掛けが施されるのが西国での城造りの定石である。家康はこれを五段構えにすることで、防御（反撃）力をより高めようと目論む。

本丸北側には、東国で発展した築城技術である**「馬出《うまだ》し」**が三段構えで造られた。馬出しとは虎口の外側に設けられた空間で、その前面に堀が築かれるのが定番だ。枡形虎口と同じく防御（反撃）力の強化を狙った仕掛けだが、三段構えとすることでさらなる強化を目指した。

西国や東国で発展した築城技術も加えることで、日本最大の連立式天守がそびえる江戸城本丸の防御力は著しく強化されるが、その裏には豊臣家に代わり天下人の座に就いた家康の苦悩があった。当時は大坂城に豊臣家が健在であり、天下の情勢が急変して豊臣家や豊臣恩顧の諸大名が江戸城を攻めてくる事態を懸念したのだ。

豊臣家や豊臣恩顧の諸大名を仮想敵国とみなして日本最強の城郭に造り上げたことは、徳川家内部への効果も期待できた。意外にも、家康は天下取りの過程で激増した家臣団の統制に苦しんでいたからだ。**江戸城を通じて将軍という卓越した存在であることを家臣団に認識させ、その統制を強化したい目論見も秘められていた**のである（千田嘉博『江戸始図でわかった「江戸城」の真実』宝島社新書）。

❖独立式天守から天守の消滅へ

だが、外には仮想敵国の豊臣家と豊臣恩顧の諸大名、内には家臣団への示威という目論見のもと造られた壮大な天守の寿命は短かった。**火災のため、二〇年もたたないうちに焼失**する。

元和《げんな》9年（1623）に二代将軍秀忠が再建するが、それは連立式天守ではなかったようだ。徳川家にとり最大の対抗勢力だった豊臣家はすでに滅び、幕府の礎は固まりつつあったことから、もはや連立式天守建造には及ばないと判断したのだろう。その分費用が掛かり、再建に当たらせる諸大名の負担が増すことも懸念したはずである。本丸の防御力強化のため採用した五段構えの枡形虎口も三段構えの馬出しも、いつしか幻となる。

この秀忠が再建した天守も火災で焼失する。寛永15年（1638）に三代将軍家光によって再建されるが、その時の再建図面によると、小天守や渡櫓が連結しない独立式天守だったことがはっきりとわかる。天守は一つだけとなった。

天守本体は、同じく五層で地上五階地下一階の構造であった。石垣を含めると、その高さは六〇メートル近くあり、家康が造った天守より低いものの、姫路城天守よりも少し高かった。一階の床面積も一二七〇平方メートルあり、姫路城天守に比べると倍以上の規模だった。

ただ、家光が造った天守の寿命も短く、約二〇年後の明暦の大火により焼失する。翌万治《まんじ》元年（1658）に現存する天守台は再建されたが、天守本体は再建されなかった。泰平の世となっていたことを背景に、天守は展望のためのものでしかなくなっていたからだ。それよりも灰燼《かいじん》に帰した城下町の復興に人力を投入すべき、という四代将軍家綱の叔父で将軍補佐役でもあった保科正之《ほしなまさゆき》の進言が受け入れられたのである。

その後、六代将軍家宣《いえのぶ》の時代である正徳2年（1712）に再建の話が持ち上がるも、頓挫する。こうして、天守は再建されることなく現在に至る。

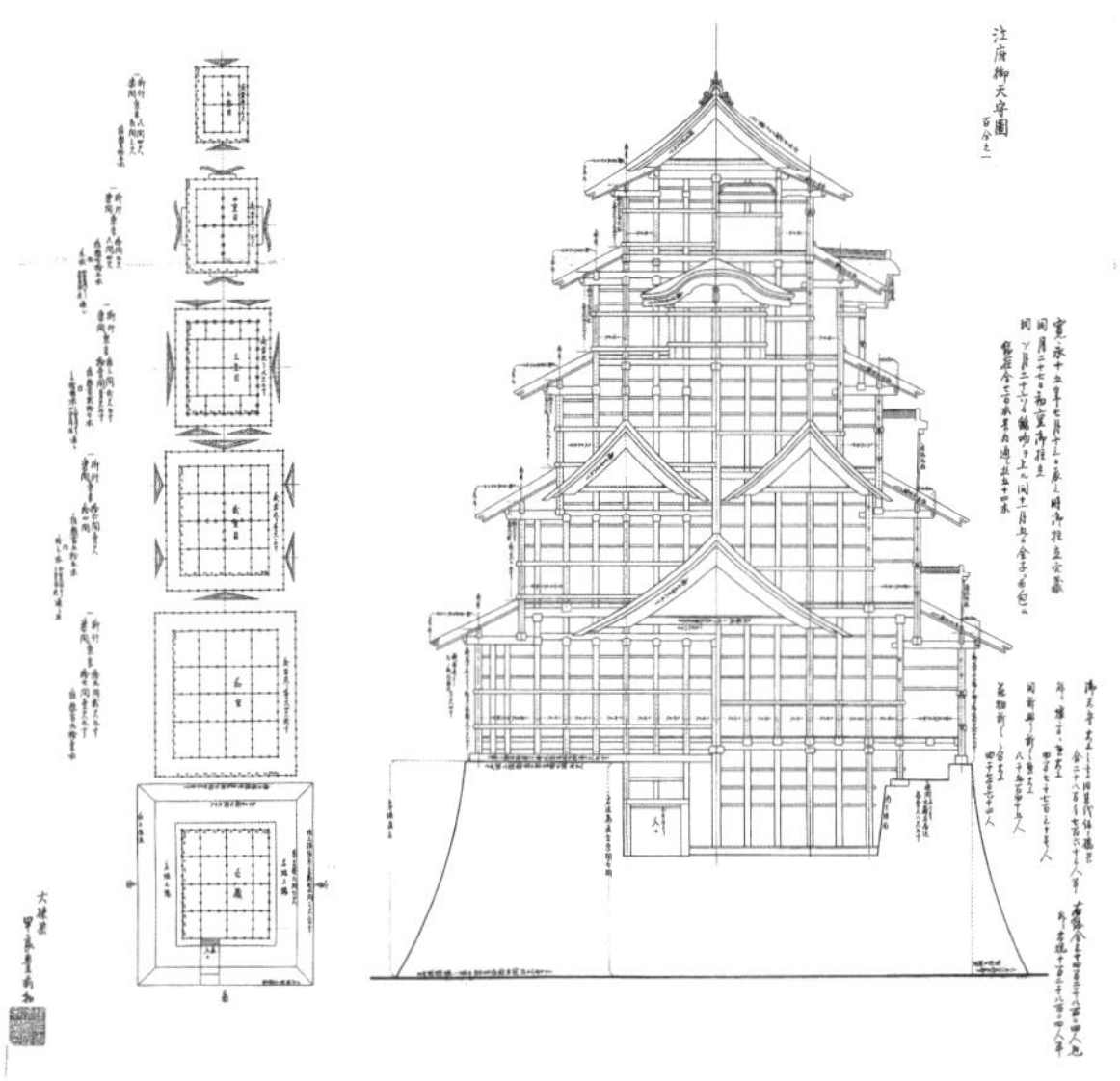

1638年に3代家光が再建したときの天守の図面。この天守は約20年後に焼失し、以降、天守本体は再建されなかった（「江戸城御本丸御天守1/100建地割」都立中央図書館特別文庫室所蔵）

江戸の間取り
02

本丸御殿・表
厳しい身分制のうつし鏡のような空間

❖役人の勤務場所「表」

江戸城の主である将軍は、本丸に建てられた御殿《ごてん》に住んでいた。弘化《こうか》2年（1845）に再建された時の数字によると、建坪は一万一三七三坪であった。

大まかに言うと、本丸御殿は表《おもて》、中奥《なかおく》、大奥《おおおく》の三つの空間から構成されている。**図示した「表」は幕府の役人が勤務する政庁空間**であり、**諸大名が将軍に拝謁する儀礼が執行される空間**でもあった。中奥は将軍が日常生活を送る空間で、表が将軍の応接間とすれば居間にあたる。将軍やその妻子、大勢の奥女中が住む大奥は将軍の寝所となるだろう。

表のうち政庁空間からみていこう。現在に喩えれば首相官邸と霞が関の官庁を合わせたような空

◎本丸御殿表【将軍の応接間】の間取り(1844)

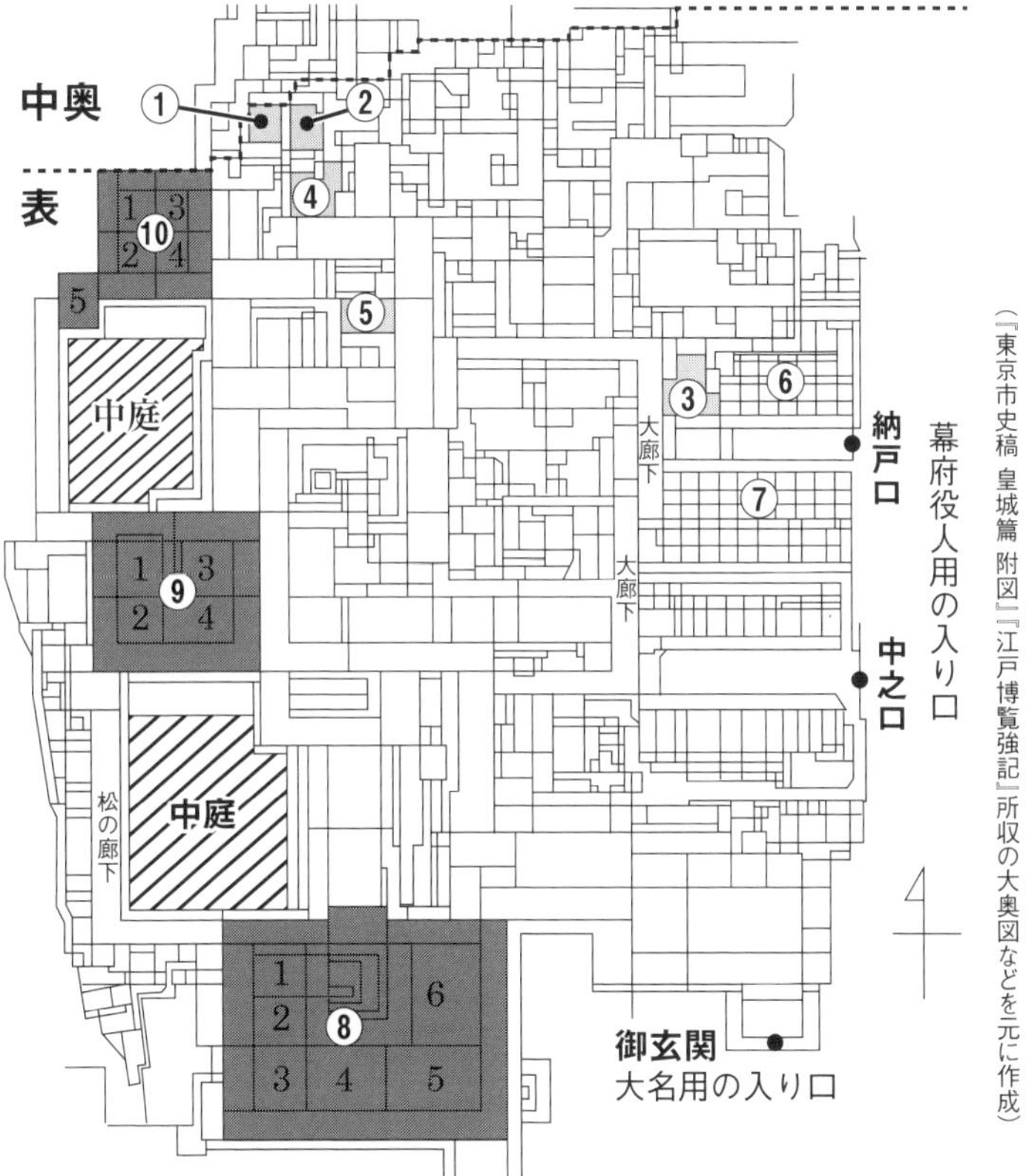

※①〜⑦…幕閣の仕事場 ⑧〜⑩…大名が将軍に謁見する場
(『東京市史稿 皇城篇 附図』『江戸博覧強記』所収の大奥図などを元に作成)

①**上御用部屋**…老中政務所
②**次御用部屋**…若年寄政務所
③**上勘定所**…勘定奉行政務所
④**奥右筆部屋**…老中らを補佐する政務秘書官の執務所
⑤**表右筆部屋**…老中らを補佐する政務秘書官の執務所
⑥**老中下部屋**…老中控室
⑦**若年寄下部屋**…若年寄控室

⑧**大広間**…本丸御殿最大の儀礼空間
1. 御上段、2. 御中段、3. 御下段
4. 二之間、5. 三之間、6. 四之間
⑨**白書院**…御殿2番目の大きさの儀礼空間
1. 御上段、2. 御下段、3. 御連歌之間、4. 帝鑑之間
⑩**黒書院**…御殿3番目の大きさの儀礼空間
1. 御上段、2. 御下段、3. 囲炉裏之間
4. 西湖之間、5. 溜之間

間である。

その中枢は幕府の閣僚である老中や若年寄が詰める御用部屋《ごようべや》だ。老中・若年寄には下部屋《しもべや》という控室も与えられ、下部屋から御用部屋に集まることになっていた。

老中下部屋の隣には勘定奉行が詰める上勘定所《かみかんじょうしょ》があった。現在に喩えれば財務省の幹部が詰める部屋だ。奉行クラスの役人にも下部屋が与えられたが、**御用部屋の近くには幕政の陰の実力者である奥右筆《おくゆうひつ》や表右筆《おもてゆうひつ》の部屋が置かれた**。奥右筆や表右筆は老中たちを補佐する政務秘書官のような役職である。

一方の儀礼空間として使われた部屋は、御用部屋や下部屋とは異なり、大人数を収容できる大部屋だった。幕府の役職に就いている大名や幕臣は日々登城して各々の詰所で職務を執るが、無役の大名も登城して将軍に拝謁する儀式に参列する日が設けられていた。年始、桃の節句などの五節句、毎月定例の登城日（1日・15日など）に加え、若君誕生や婚礼の時などが登城日に指定された。

これらの登城日に、諸大名が将軍に拝謁する場所は主に大広間《おおひろま》・白書院《しろしょいん》・黒書院《くろしょいん》の三つの部屋だった。注目すべきは、儀式の内容と参列者の身分により、参列する部屋が使い分けられた点である。

玄関近くに置かれた**大広間**は、御上段《おんじょうだん》（二四～二八畳）、御中段《おんちゅうだん》（二八～三二畳）、御下段《おんげだん》（三六～三九畳）、二之間（五四～六三畳）、三之間（六〇～六七畳）、四之間（八二～八四畳）から構成され

正月の江戸城登城の様子を描いた錦絵（楊洲周延「千代田之御表」）

た。もちろん畳敷だが、縁側の部分も畳である。五〇〇畳近くの広さがあり、**本丸御殿最大の広さを誇った**。そのため、大広間は千畳敷とも称された。

大広間よりも御殿の奥に置かれた**白書院**は、御上段（二八畳）、御下段（二四〜二八畳）、連歌《れんが》之間（二八〜三〇畳）、帝鑑《ていかん》之間（二六〜三八畳）。白書院よりも奥に置かれた**黒書院**は、御上段（一八畳）、御下段（一八畳）、囲炉裏《いろり》之間（一五畳）、西湖《さいこ》之間（一五畳）、溜《たまり》之間（二四畳、松溜《まつだまり》とも言う）から構成される部屋だった。

❖ランク分けされた大名の部屋

日常的に登城する幕府役人と無役の大名では、**御殿への入り口が異なっていた**。役人たちはいわば勝手口のような「納戸口《なんどぐち》」や「中之口」から御殿に入ったが、大名は玄関

・殿席《でんせき》（登城した大名が控えた部屋）

ランク高

❶大廊下《おおろうか》…徳川御三家や将軍家ゆかりの外様大名

❷溜之間《たまりのま》…井伊家など有力譜代大名

❸大広間《おおひろま》…従四位以上の親藩大名や外様大名

❹帝鑑之間《ていかんのま》…江戸時代以前から徳川家に仕えた譜代大名

❺雁之間《がんのま》…江戸時代以降に徳川家に仕えた城持ちの譜代大名

❻菊之間《きくのま》…江戸時代以降に徳川家に仕えた城なし譜代大名

❼柳之間《やなぎのま》…大広間に殿席を与えられなかった外様大名

ランク低

※❽芙蓉之間《ふようのま》…町奉行や勘定奉行などの幕臣が割り当てられた

・礼席《れいせき》（登城した大名が将軍に謁見した部屋）

【年始の儀式の場合】

ランク高

❶大廊下席の大名→白書院

❷溜之間席の大名→白書院

❸大広間席の大名→大広間

❹帝鑑之間席の大名→大広間

❻菊之間席の大名→大広間

❺雁之間席の大名→大広間

❼柳之間席の大名→大広間

ランク低

【定例の登城の場合】

ランク高

❶大廊下席の大名→黒書院

❷溜之間席の大名→黒書院

❸大広間席の大名→白書院

❹帝鑑之間席の大名→白書院

❼柳之間席の大名→白書院

❺雁之間席の大名→西湖之間

❻菊之間席の大名→雁之間

ランク低

左図は（『東京市史稿 皇城篇 付録』『江戸博覧強記』所収の大奥図などを元に作成）

◎本丸御殿表【儀礼空間】の間取り

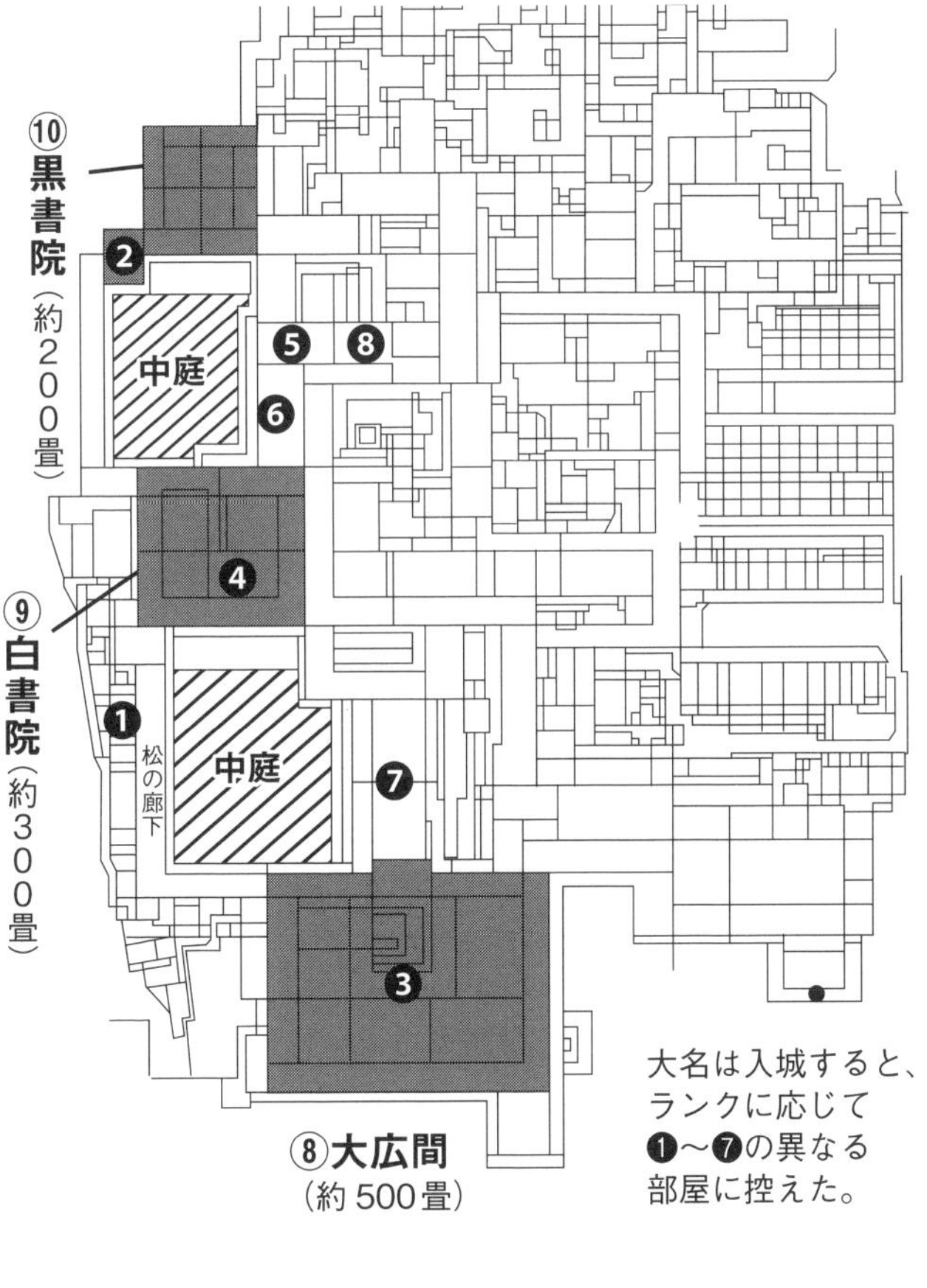

⑧**大広間** おおひろま…本丸御殿最大の儀礼空間

⑨**白書院** しろしょいん…御殿二番目の大きさの儀礼空間

⑩**黒書院** くろしょいん…御殿三番目の大きさの儀礼空間

からあがった。

もちろん、大名だからといって自由に行動できたわけではない。登城した諸大名は割り当てられた部屋に直行する前に、「**殿席**《でんせき》」と呼ばれた控え室に入った。拝謁するまでの時間を殿席で過ごし、拝謁の時間が迫ってくると該当の部屋に移動したのだ。その部屋を「**礼席**《れいせき》」と呼んだ。

殿席には、「大廊下」、「溜之間」、「大広間」、「帝鑑之間」、「柳之間《やなぎのま》」、「雁之間《がんのま》」、「菊之間《きくのま》」の七つがあった。大名のランクに応じ、席つまり部屋が分けられていた。

最も格の高い大名である徳川御三家など将軍の親族大名の部屋は、大廊下だ。続けて、譜代大名でもトップクラスの家に与えられた部屋である溜之間。大広間は、従四位《じゅしい》以上の位階を持った徳川一門に連なる親藩大名や外様大名の部屋。帝鑑之間は、江戸時代以前より徳川家に仕えていた大名（譜代大名）。雁之間と菊之間は、江戸時代に入り大名に取り立てられた譜代大名の部屋だが、城持ちは雁之間、城を持たなければ菊之間だった。柳之間は、大広間に殿席が与えられなかった外様大名の部屋だが、これが最も格が低かった。

年始の儀式では白書院と大広間が礼席だったが、同じく大名のランクで席が分けられており、白書院の方が格上である。大廊下と溜之間を殿席に指定されていた大名は白書院に席を移し、将軍に拝謁した。それ以外の大名は大広間に移動し、拝謁した。

定例の登城日では、黒書院、白書院、西湖之間、雁之間が礼席であり、黒書院が最も格が高く、以下低くなっていく。大廊下と溜之間が殿席の大名は黒書院。大広間、帝鑑之間、柳之間が殿席の大名は白書院。雁之間の大名は西湖之間。菊之間の大名は雁之間が礼席に指定された。

なお、幕府の役職に就いている幕臣にも、執務する詰所や下部屋のほかに殿席と礼席が割り当てられる場合があった。町・勘定奉行・大目付などの殿席は芙蓉之間《ふようのま》だった。

❖格式の高い部屋をつなぐ松の廊下

表で起きた事件で広く知られているのは、「**刃傷《にんじょう》松の廊下**」だろう。元禄14年（1701）3月14日、播磨赤穂藩主の浅野《あさの》内匠頭長矩《たくみのかみながのり》が高家《こうけ》筆頭の吉良《きら》上野介《こうずけのすけ》義央《よしひさ》に突然斬り付けたのである。

刃傷の現場となったのは、大広間と白書院を結ぶ「大廊下」だ。本丸御殿のなかで二番目に長い廊下（全長五〇メートルほど）だが、障壁画として松が描かれていたことから松の廊下と呼ばれた。東側は中庭で、西側には御三家など将軍の親族大名が控える部屋（「大廊下」）があった。

毎年3月になると、京都から朝廷の使者として勅使や院使が江戸に下向してくる。幕府は江戸城に迎えた勅使や院使を歓待するため、大名を馳走役に任命して接待に当たらせた。馳走役に任命された大名は幕府の儀典係である高家《こうけ》に指南を受けることで接待の任にあたったが、この年の勅使馳走役こそ浅野であった。

この日は将軍綱吉が白書院で勅使・院使に面会する日であり、両使の馳走役はもとより儀典係たる高家の面々も白書院近くに集まっていた。面会の時間が迫るにつれ、白書院付近は物々しい雰囲気に包まれて緊張感が漂いはじめるが、そんななか、お昼近くに事件は起きる。兼ねてより吉良に接待の指南を受けていた浅野が松の廊下で斬り付けたのだ。刃傷の理由は諸説あり、いまだにその真相は分からない。

すぐさま浅野は取り押さえられる。面会の場は急遽、事件現場の松の廊下に近い白書院から黒書院に変更される。神聖であるべき儀礼の場が汚されたとみなされたからだ。

その後、綱吉と両使の面会はつつがなく終了するが、浅野の所業に激怒した綱吉は即日切腹の沙汰を下す。浅野は江戸城平川門から城外に出され、預け先の一関《いちのせき》藩邸で切腹して果てた。厳しい処分に至ったのは、面子を重んじる武家社会において、それだけ浅野の行為が特異だったということなのかもしれない。

刃傷事件を起こした浅野内匠頭

◎松の廊下拡大図

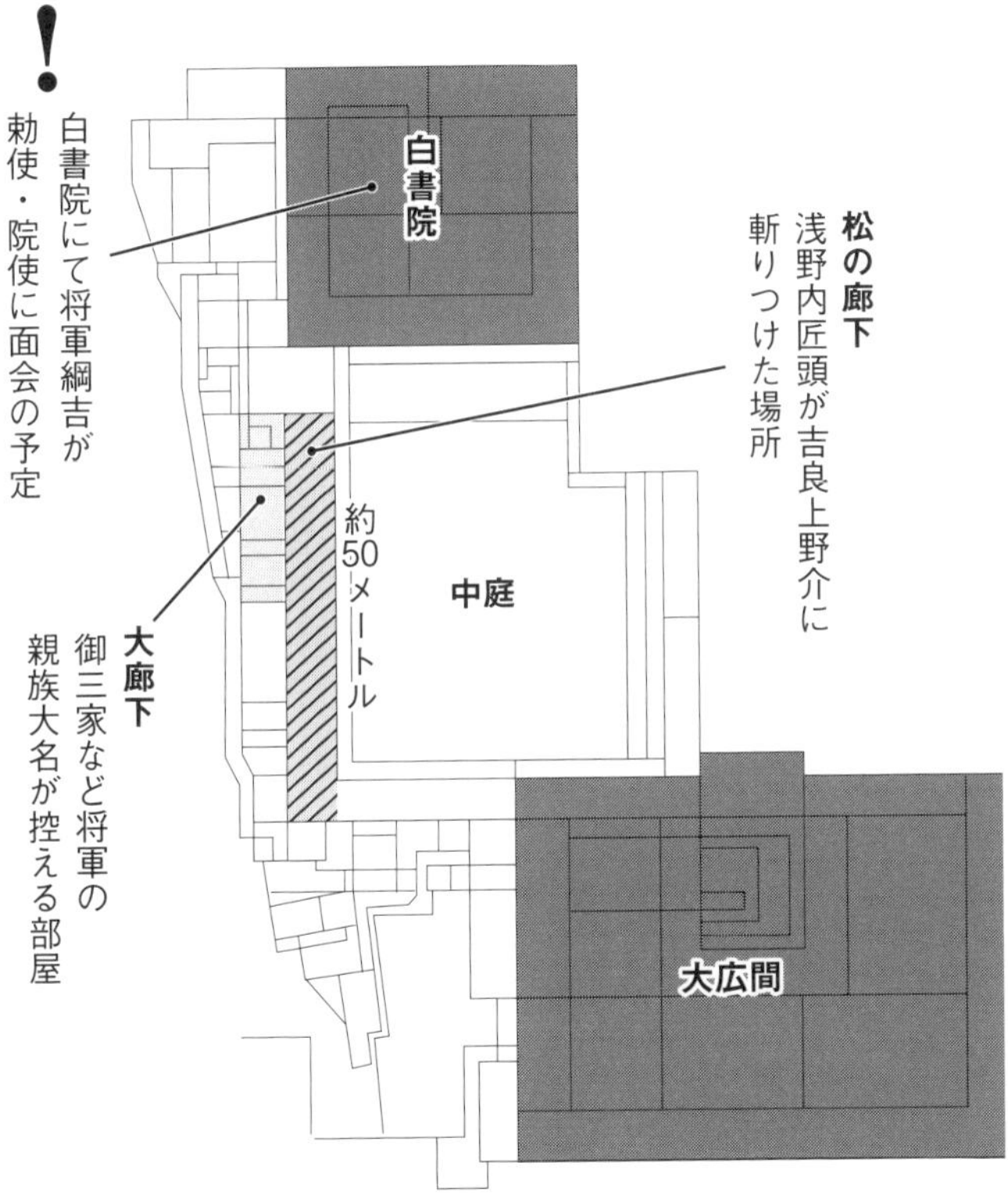
白書院
松の廊下
浅野内匠頭が吉良上野介に斬りつけた場所
白書院にて将軍綱吉が勅使・院使に面会の予定
約50メートル
中庭
大廊下
御三家など将軍の親族大名が控える部屋
大広間

◎事件の経緯

・毎年３月、京から江戸へ朝廷の使者が下向し、将軍に謁見
・元禄14年（1701）のおもてなし係＝馳走役は、浅野内匠頭に決定
→高家の吉良上野介（儀典係）より、接待の指南を受けることに
・３月14日、松の廊下で浅野内匠頭が吉良上野介に斬りかかる
→場所を白書院から黒書院に移して将軍綱吉は京の使者と面会
・即日に浅野内匠頭は切腹、刃傷事件の真相はいまだ不明

江戸の間取り
03

本丸御殿・中奥

老中さえも入れない将軍の生活空間

❖将軍に会えない幕閣たち

中奥《なかおく》は将軍が日常生活を送るとともに政務を執る空間だが、**将軍の許可がなければ入ること自体許されない空間**でもあった。閣僚である老中でさえ例外ではない。

そのため、大半の役人の御殿内での行動範囲は表にとどまったが、一方、将軍の行動範囲は中奥や大奥にほぼ限られた。将軍が表にお出ましになるのは事実上、諸大名の拝謁を受ける時だけであった。

中奥に入れたのは、将軍の側近である側用人《そばようにん》や御側御用取次《おそばごようとりつぎ》などの御側衆《おそばしゅう》、将軍の警護にあたる御小姓衆《おこしょうしゅう》、身の回りの世話をする御小納戸衆《おこなんどしゅう》、将軍の脈をとる奥医師ぐらいである。老中が政務

◎本丸御殿・中奥間取り図（1844）

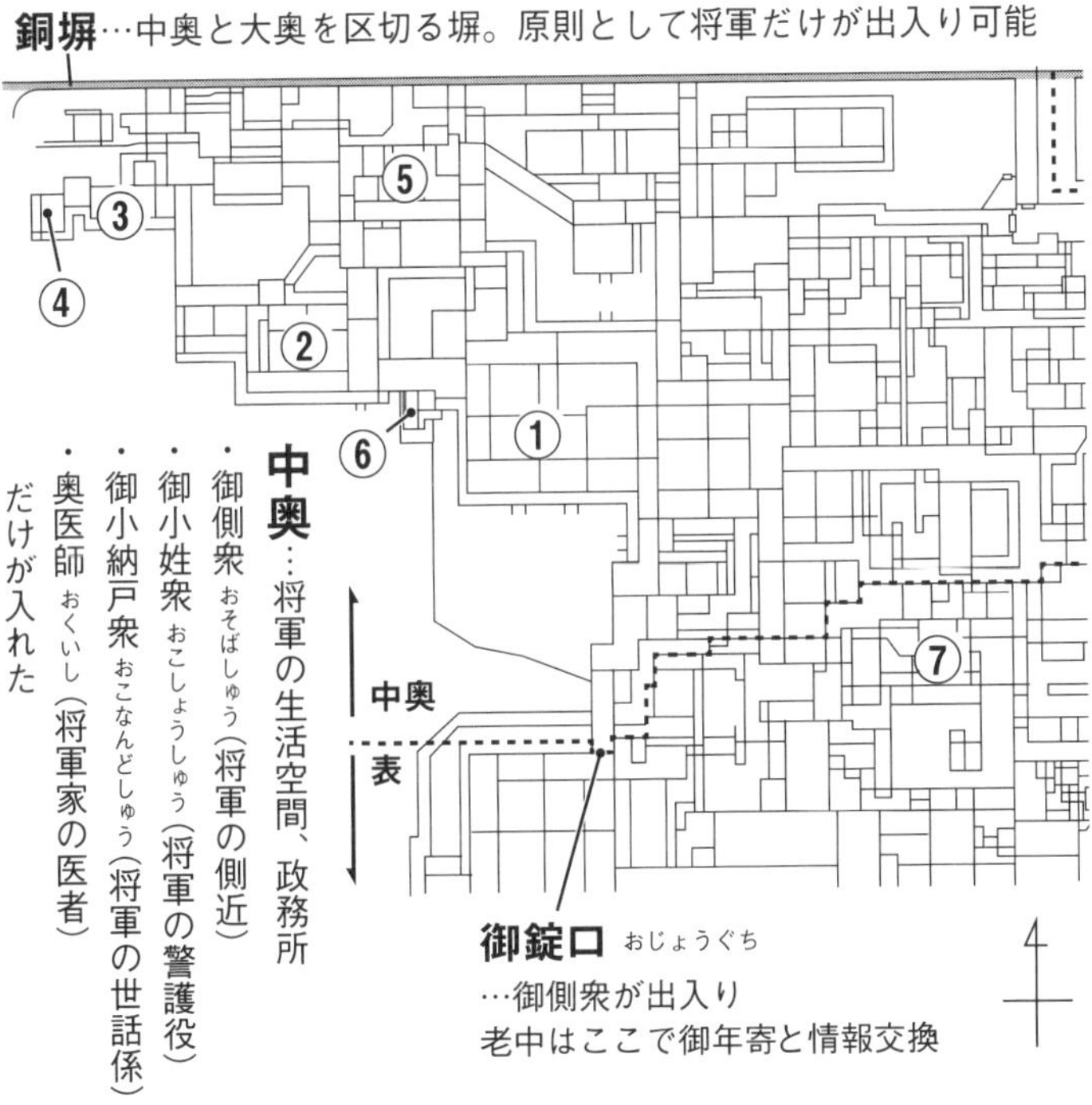

銅塀…中奥と大奥を区切る塀。原則として将軍だけが出入り可能
①
②
③
④
⑤
⑥
⑦
中奥…将軍の生活空間、政務所
・御側衆《おそばしゅう》（将軍の側近）
・御小姓衆《おこしょうしゅう》（将軍の警護役）
・御小納戸衆《おこなんどしゅう》（将軍の世話係）
・奥医師《おくいし》（将軍家の医者）
だけが入れた
中奥
表
御錠口《おじょうぐち》
…御側衆が出入り
老中はここで御年寄と情報交換

①**御座之間**《ござのま》…許可を得た役人が将軍に謁見する部屋

②**御休息**《ごきゅうそく》…寝室・政務所。大半をこの部屋で過ごした

③**楓之間**《かえでのま》…居間。小姓と囲碁や将棋などを楽しんだ

④**双飛亭**《そうひてい》…四畳半の茶室。1844 年に火事で
本丸御殿が焼失すると、再建時にこの茶室が増築された

⑤**御湯殿**《おゆどの》…浴室。小姓が衣類を預かり、
小納戸役が身体を洗った。その際には糠袋を７～８個使用

⑥**御不浄**《ごふじょう》…トイレ　⑦**御膳所**《ごぜんしょ》…調理場

（『東京市史稿 皇城篇 附図』『江戸博覧強記』所収の大奥図などを元に作成）

御側衆から頭角を現した田沼意次

について将軍に上申する時も、自身が中奥にいる将軍の面前に向かうのではなかった。中奥に出入りできる御側衆をして案件を取り次がせた。

　中奥で御側衆からの説明を受けると、将軍は何らかの指示を与えることになるが、老中に直接伝えたのではない。将軍の意を受けた御側衆を表に遣わした。老中が詰める御用部屋に赴かせ、その意を伝言させたのである。御側衆が表と中奥を行ったり来たりしていた。

　そのため、柳沢吉保や田沼意次に象徴されるように、**本来は取次役に過ぎなかった御側衆に権力が移行していく**。将軍は表よりも中奥で過ごす時間の方がはるかに長かったため、将軍と身近に接することができる中奥勤務の者が権力を持つようになったわけだ。政務空間と将軍の生活空間が離れていたことで、政治権力が複雑化していったのである。

　中奥に「御座之間《ござのま》」という部屋がある。将軍の許可のもと中奥に入った役人が拝謁する部屋だ。奉行クラスの役職に任命する場合も、当の幕臣を御座之間に呼び出した上で、将軍自ら人事を発令する仕来りであった。

将軍は「御休息《ごきゅうそく》」と呼ばれた部屋にいることが多かった。居間であると同時に政務を執る部屋でもあったが、大奥ではなく中奥で泊まる日は寝室にもなった。

翌朝、将軍が中奥（御休息）で起きると、その場で洗顔・朝食・結髪を済ませ、奥医師の診察も受けるというスケジュールが組まれていた。将軍の食事は中奥で作られるため、調理場である「御《ご》膳所《ぜんしょ》」と呼ばれた部屋もあった。

表と中奥の間には仕切りが設けられていなかったが、中奥と大奥の間は銅塀《あかがねべい》で堅く区切られた。中奥と大奥を出入りできたのは原則として将軍だけだが、その際は将軍専用の通路**「御鈴廊下《おすずろうか》」**を経由して出入りした。御鈴廊下が設けられた箇所のみ、銅塀はなかったのである。

江戸の間取り 04

本丸御殿・大奥
本丸御殿の半分以上を占めた女の空間

❖多い時には一〇〇〇人以上が暮らした空間

将軍の寝所にあたる大奥《おおおく》は、その正室（御台所《みだいどころ》）、側室、子女の生活の場であった。勤務する奥女中も住み込みで勤務しており、奥女中にとっては職住一致の空間だった。天守（台）に隣接していた大奥の面積は六三一八坪もあり、本丸御殿の半分以上を占めたが、実に多く部屋があったことがわかる。職場でもあり住居でもあったからだが、住居空間は身分序列により住む人数も決まっていた。

大奥は、**「御殿向《ごてんむき》」**、**「長局向《ながつぼねむき》」**、**「広敷向《ひろしきむき》」**の三つの空間から構成された。大奥の西側に位置する御殿向には、「御小座敷」と呼ばれた将軍の寝所のほか、毎朝、奥女中たちが将軍と御台所に拝謁する「御座之間」、御台所の御殿、将軍の子どもの居室、奥女中の詰所があった。

◎本丸御殿大奥の間取り

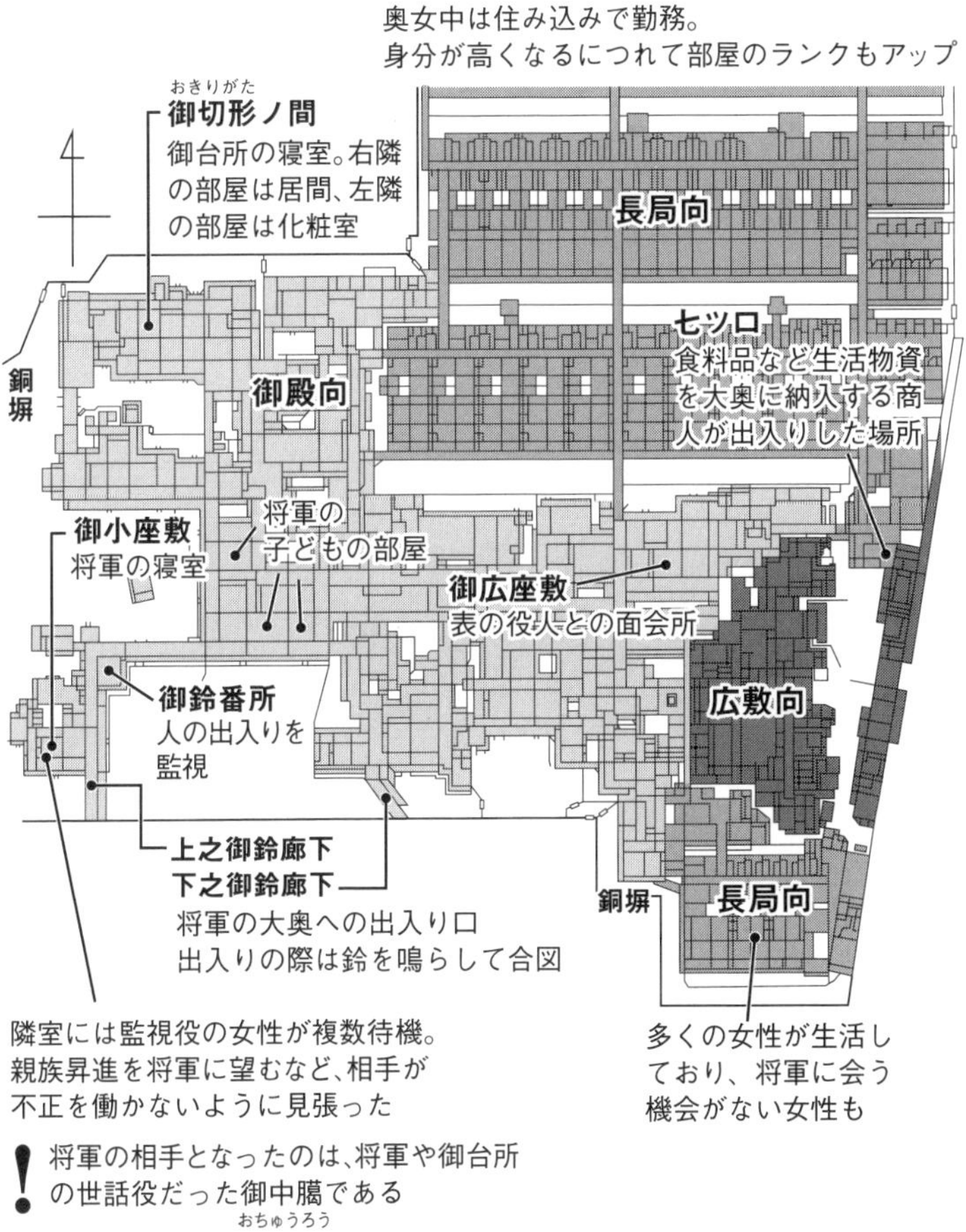
奥女中は住み込みで勤務。
身分が高くなるにつれて部屋のランクもアップ
御切形ノ間《おきりがた》
御台所の寝室。右隣の部屋は居間、左隣の部屋は化粧室
長局向
七ツ口
食料品など生活物資を大奥に納入する商人が出入りした場所
銅塀
御殿向
御小座敷
将軍の寝室
将軍の子どもの部屋
御広座敷
表の役人との面会所
御鈴番所
人の出入りを監視
広敷向
上之御鈴廊下
下之御鈴廊下
将軍の大奥への出入り口
出入りの際は鈴を鳴らして合図
銅塀
長局向
隣室には監視役の女性が複数待機。親族昇進を将軍に望むなど、相手が不正を働かないように見張った
多くの女性が生活しており、将軍に会う機会がない女性も
将軍の相手となったのは、将軍や御台所の世話役だった御中臈《おちゅうろう》である

御殿向 ごてんむき…御台所の住居。奥女中が将軍や御台所に拝謁する部屋もあった

長局向 ながつぼねむき…側室や奥女中の住居。建坪4211坪で2階建て

広敷向 ひろしきむき…事務・警護の男性役人が詰めた空間。女子禁制

（『東京市史稿 皇城篇 附図』『江戸博覧強記』所収の大奥図などを元に作成）

江戸城大奥の歌合の様子を描いた錦絵（楊洲周延「千代田之大奥」）

御殿向の東側にあたる長局向は、側室も含めた奥女中たちの住居である。建坪が四二一一坪もあり、大奥の三分の二を占めた。御殿向や広敷向とは異なり、総二階建ての建物になっていた。**奥女中の数は多い時は一〇〇〇人近くにも達し、一階だけではとても収容し切れなかった**からである。

しかし、二階建てにしても部屋の数は足りず、御年寄《おとしより》（老女ともいう）などのトップクラスを除き、大半の奥女中は同じ部屋で寝泊まりした。身分が下がるにつれ、相部屋の人数も増えたのである。図は一人部屋を与えられた御年寄の部屋の間取りだ。

住み込みで勤務した奥女中たちは部屋ごとに自炊していた。そのため、煮炊きや給仕、水汲みなどに携わる女性を雇って同じく住み込みで働かせた。そんな下働きの女性も奥女中に他ならない。

長局と隣接する広敷向は、大奥の事務を処理したり、警

◎御年寄の部屋の間取り図（1845）

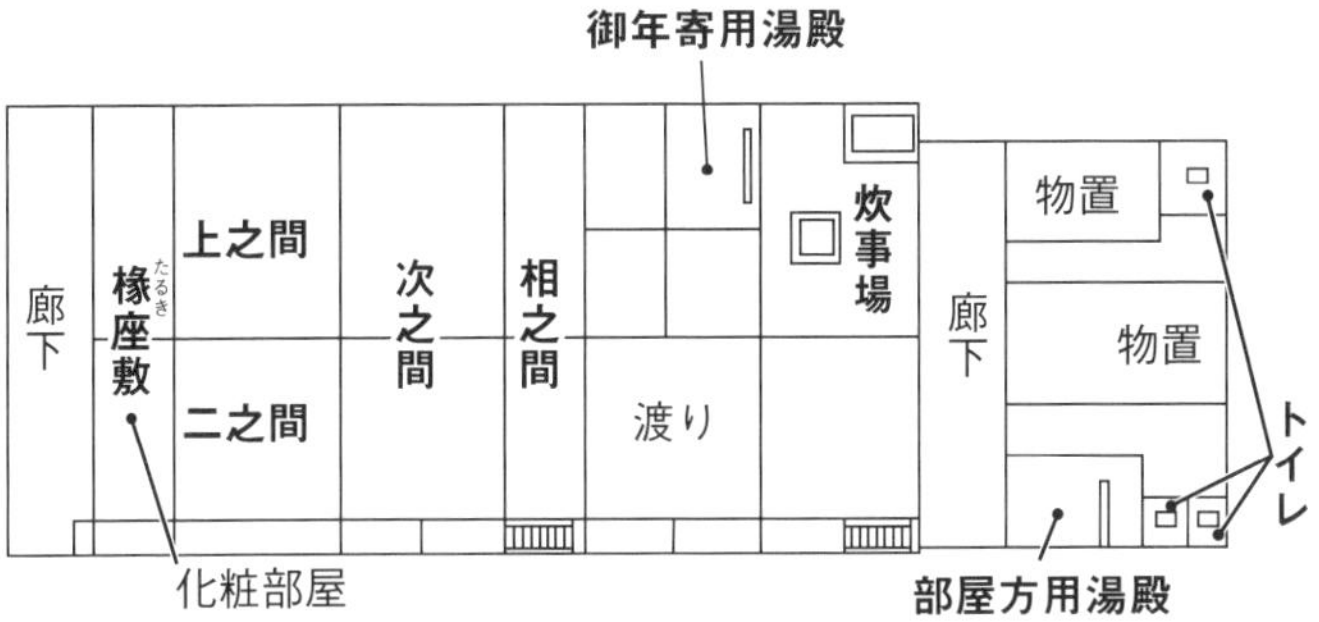

固の任にあたる御広敷役人が詰めた空間である。大奥と言うと男子禁制の空間のイメージが強いが、御広敷役人という名の男性役人も常時詰めていた。日々登城し、職務の時間が終わると下城するのだ。広敷向だけ男子禁制ではなく、むしろ女子禁制の空間だった。

長局向と広敷向の境は**「七ツ口」**と呼ばれ、食料品など生活物資を大奥に納入する商人が出入りした場所だ。七ツ口から、生活物資は長局向や御殿向に運び込まれたのである。七ツ口は朝五ツ時（午前8時）に開かれて七ツ時（午後4時）には閉められたため、七ツ口と呼ばれたらしい。

御台所も側室も大勢の奥女中たちも大奥の外に出ることはあまりなく、日々の生活は大奥内で完結していた。そうした閉じた環境に大勢の女性が住んでいれば、嫉妬が渦巻くのも当然である。

第二章　武家地の間取り

江戸の武家地と大名屋敷

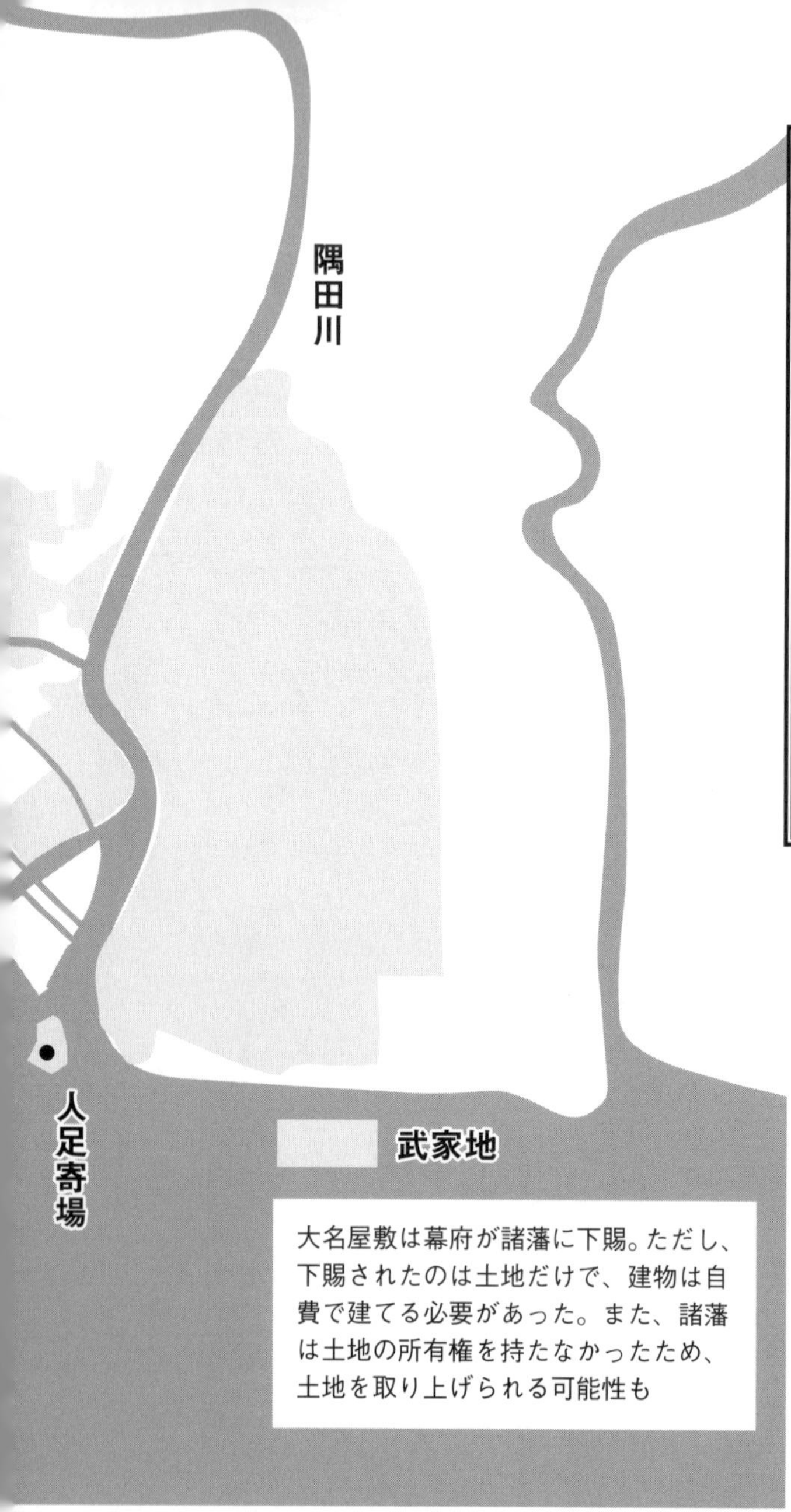
隅田川
人足寄場
武家地
大名屋敷は幕府が諸藩に下賜。ただし、下賜されたのは土地だけで、建物は自費で建てる必要があった。また、諸藩は土地の所有権を持たなかったため、土地を取り上げられる可能性も

（『徹底図解 江戸時代』所収図などを元に作成）

武家地の基本

江戸の七割を占める武家地は、「大名屋敷」、「幕臣屋敷」、官有地とも言うべき「幕府の用地」に分けられるが、**その過半は大名屋敷で占められたのが、城下町江戸の特徴**である。

この時代、諸大名は参勤交代制に基づき、原則として隔年で江戸に居住することが義務付けられた。幕府は江戸在府中の居住場所として広大な土地を下賜したが、これが大名屋敷である。江戸藩邸とも呼ばれた。数十万石クラスの大藩となると数万坪規模の屋敷を幕府から拝領することも珍しくなかったが、時代が下るにつれて下賜する土地が不足しはじめると、石高や役職により拝領地には一定の基準が設けられる。石高による基準を「高坪」、役職による基準を「格坪」あるいは「並坪」と呼んだ。その範囲内で下賜されるのが原則である。殿様だから楽な暮らしをしていたのだろう、と思われがちだが、間取りを介してその実態をみると、意外な苦労が浮かび上がってくる。詳しくは56～63ページをご覧いただきたい。

幕臣とは禄高が一万石未満で将軍の御直参である武士を指すが、将軍への拝謁（御目見得《おめみえ》）の資格があるか否かで分けられた。御目見得の資格を持つのが旗本で、資格を持たないのが御家人だ。江戸城の将軍を守るのが任務である以上、江戸城近くに屋敷を下賜されたが、旗本の方が御家人よりも江戸城に近い場所で拝領した。

大名屋敷にせよ幕臣屋敷にせよ、屋敷とは土地のことであり、建物は指していない。拝領した土地に大名や幕臣が建てる建物はあくまでも自費だった。下賜されたものである以上、所有権はなかった。幕府の命令により、予告なく取り上げられることも珍しくなかった。

とはいえ、そんな不安要素を帳消しにする特権が、武士たちには与えられていた。大名屋敷も幕臣屋敷も幕府からの拝領地であったため、年貢が免除されていたのだ。無税であったため屋敷の下賜を希望する者は多く、江戸で武家地が拡大していく理由にもなった。本章を読み進めていただけば、彼らが武家地をどう活用したのかが見えてくるだろう。

三つ目に挙げた幕府の用地とは、その名の通り幕府施設が置かれた地所のことである。行政関連の幕府施設としては、三奉行（町・勘定・寺社奉行）や大目付・目付が重要政務などを合議した評定所、江戸の治安を預かる町奉行所、その関連施設である小伝馬町牢屋敷や小石川養生所が挙げられる。

そのほか、幕臣が武術を訓練する講武所、馬術の練習をする馬場、幕臣が学んだ昌平坂学問所（昌平黌《しょうへいこう》）、将軍や大奥の女性が楽しんだ海辺の庭園（現在の浜離宮恩賜庭園）、薬草などが栽培された薬園、幕府の年貢米を収納する米蔵、材木を収納する材木蔵なども幕府用地に含まれる。

こうした広大な土地を、武士たちはどのように活用したのか。その実態をみていこう。

江戸の間取り 05

大名屋敷・上屋敷
重大イベントだった将軍のおもてなし

❖大名の生活を守る構造

幕府が大名に下賜した屋敷には三種類あった。上《かみ》・中《なか》・下《しも》屋敷の三つである。**上屋敷とは、現役の藩主である大名が住む屋敷**だ。中屋敷は世継ぎや藩主の座を退いた大名が住む屋敷。下屋敷は別荘・倉庫・避難所として活用された屋敷だ。上・中屋敷は一つだが、下屋敷は複数拝領することも珍しくなかった。このうち、大名の住まいである上屋敷が豪華な造りだったのは当然だが、江戸時代初期には特に贅が凝らされていた。というのも、上屋敷は将軍が訪れることもある、**最上級の接客空間でもあった**からだ。

幕府が大名に広大な屋敷地を下賜したのは、参勤交代の制度に基づき、大勢の家来とともに一年

◎福井藩上屋敷の間取り図

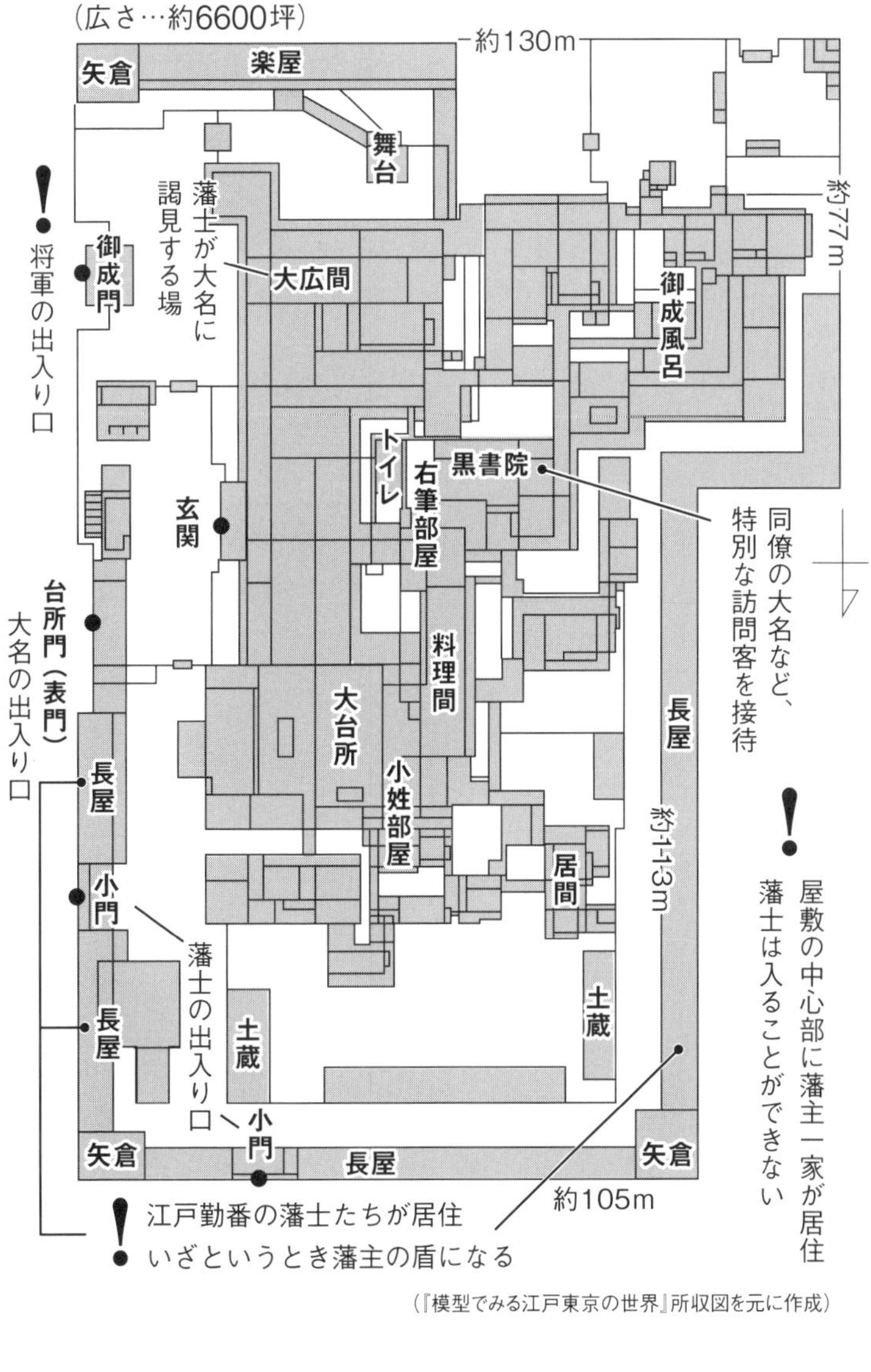

（『模型でみる江戸東京の世界』所収図を元に作成）

おきに江戸で生活することを義務付けたからである。江戸在府中は定期的に登城することが大名の義務となっていたことから、大名が住む上屋敷は登城の便を考慮して江戸城の周囲で下賜されるのが習いだった。

福井藩主松平忠昌

こうして、江戸城の周囲には諸大名の上屋敷が立ち並ぶことになるが、大手門近くにあった越前福井藩上屋敷は現在、江戸東京博物館で復元展示されている。前ページの図は福井藩上屋敷の間取り図だ。福井藩松平家は徳川御三家と並んで親藩大名の代表格であった。復元されている上屋敷の面積は約六六〇〇坪で、三代将軍家光の従兄弟にあたる松平忠昌が藩主の時代の屋敷だ。家光が将軍の座にあった頃の屋敷である。

江戸城の間近であったことから上屋敷の規模としては小さい方だった。御三家筆頭尾張藩が市谷で拝領した屋敷（現防衛省）の面積などは、江戸城から離れていたこともあり約七万五〇〇〇坪もあった。

上屋敷の場合、**大名と妻子そして身の回りの世話をする奥女中たちが住む御殿《ごてん》は中央部に置かれるのが定番だ。御殿の周囲は江戸勤番の藩士が居住する長屋（勤番長屋）で囲まれ、藩士たちは身**

をもって大名を守る楯となった。屋敷が攻撃を受けた時は、長屋で防戦するわけである。長屋では、国元からやってきた単身赴任の藩士が共同生活を送った。

御殿は藩士も出入りできた空間と大名の私的な生活空間で構成されたが、藩士が大名の生活空間に入ることは原則としてない。同じ屋敷内に居住していながら、互いの空間は隔絶していた。前者は「表」、後者は「奥」と称されるのが通例だった。

「表」には、大名と妻子が生活を送った居間、食事が用意された御料理間、身の回りの世話をする小姓が詰める部屋のほか、同僚の大名など特別な訪問客の接待に使用される黒書院などが配置された。なお、正室は人質の形で江戸居住が義務付けられており、大名が帰国しても上屋敷での生活が続いた。同じ屋敷内に側室が住む場合、側室は正室の管理下に置かれた。

「裏」には長屋住まいの藩士が出仕して職務に携わる部屋のほか、屋敷内の最大の儀式空間である大広間があった。藩士が大名に謁見する時に使用された。

❖将軍がやってきて主従関係を確認

御殿と長屋により構成された上屋敷には、大名が出入りする表門と藩士が出入りする小門が設けられたが、福井藩のように**御成門**《おなりもん》が別に造られる場合もあった。御成門とは将軍が大名屋敷を訪問する時、つまり御成に備えて造られた門のことである。

江戸初期には、江戸藩邸への御成が少なくなかった。豊臣秀吉の時代は大名として同列だった外様大名の屋敷がその対象だったが、**幕府は将軍と大名の主従関係を確認するイベントとして御成を重要視していた**。

大名屋敷を訪問した将軍は当の大名から心尽くしの接待を受ける。様々な品が献上され、献酬と称して盃を交わすのがお決まりのパターンであった。すなわち、将軍への服従を誓う貢物を差し出させ、主従の固めの盃を交わさせることで、主従関係を目に見える形で天下に示そうという幕府の目論見が秘められていた。

よって、迎える大名側には、将軍を迎えるにふさわしい豪勢な御成御殿や御成門の建設を求めた。こうして、江戸城の周囲に立ち並んでいた親藩大名や有力外様大名の上屋敷内には、豪勢な御成御殿や御成門が造られるようになる。

特に金銀で装飾が施された御成門の壮麗さは江戸で大きな話題を呼ぶ。そんな御成門みたさに、大勢の見物人が押し寄せたのである。

◎長州藩上屋敷の間取り図

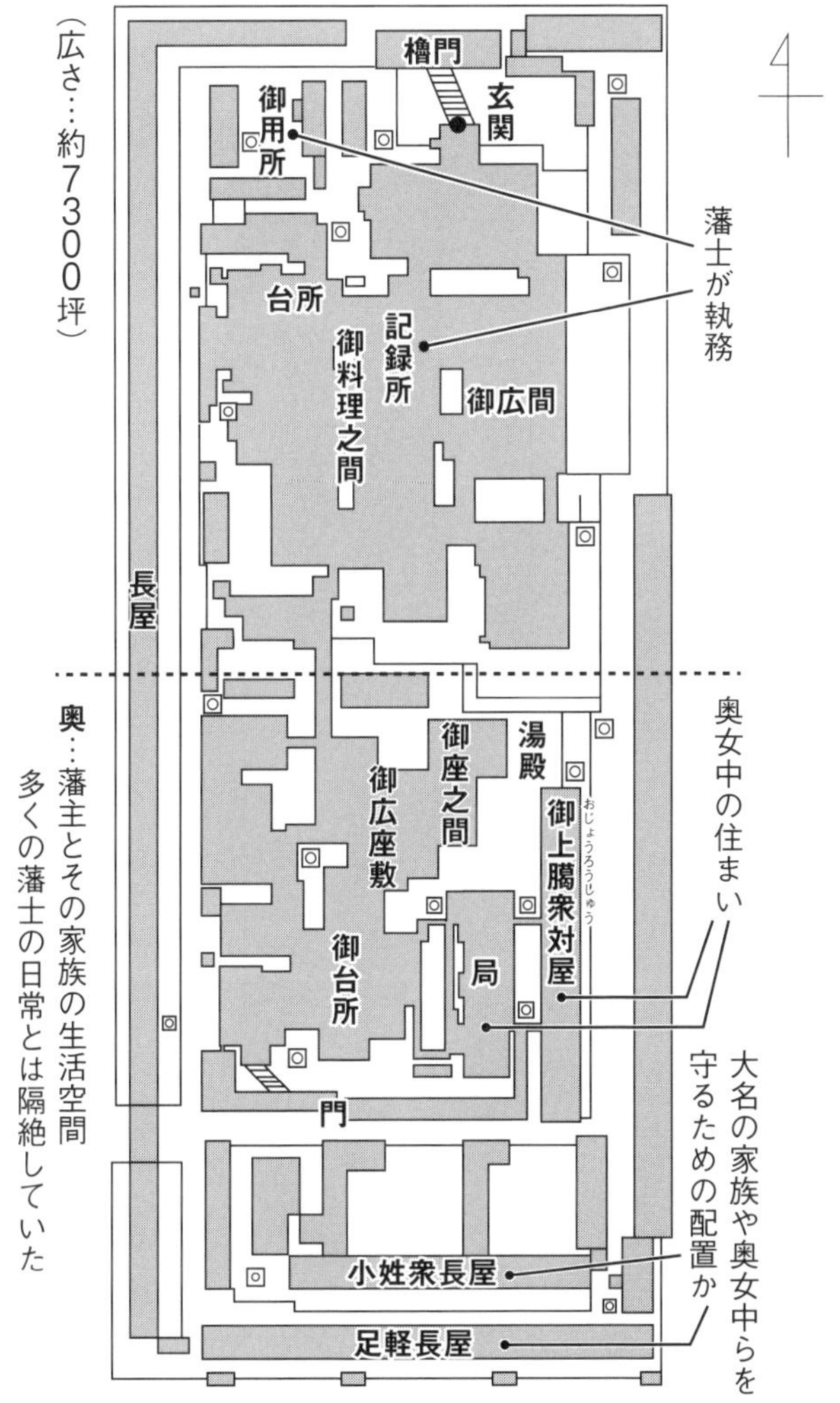

（「江戸上屋敷極り之惣指図」『図説 見取り図でわかる! 江戸の暮らし』所収図などを元に作成）

❖姫君専用御殿も誕生

しかし、将軍の御成は御成先の大名に莫大な出費を余儀なくさせる。さらに、泰平の世になって将軍と大名の主従関係も固定されたことで、御成の数は減少する。それに伴い、御成御殿や御成門を備えた上屋敷の数は減る。

幕末の大事件の舞台となる江戸城桜田門外近くにあった長州藩毛利家の上屋敷の規模は、約七三〇〇坪である。中央部に大名と妻子が住む御殿、その周囲を国元からやって来た家臣が住む長屋が取り囲むという一般的なスタイルであった。御殿が藩士が勤務のため出入りできた「表」と大名の私的な生活空間である「奥」から構成されていることも、先にみた福井藩上屋敷の場合とまったく同じだ。

東京大学の象徴・赤門

「表」のうち御用所、記録所は藩士が執務した場所で、御広間や御座之間は藩士が大名に謁見した場所である。「奥」のうち御上臈衆対屋《おじょうろうしゅうたいのや》や局は奥女中たちの住まいだが、その裏手に置かれた小姓衆長屋や足軽長屋は「奥」で生活する大名や妻子・奥女中たちを守るために配置された施設だろう。

なお、将軍の姫君が大名に嫁いできた場合は、上屋敷内に姫君専用の御殿を別に造ることが求められた。これを御守殿《ごしゅでん》、あるいは御住居と称したが、御成門のような専用の門も造らなければならなかった。

かつて加賀藩前田家の上屋敷であった東京大学本郷キャンパスには、東大の象徴たる赤門が立つ。一一代将軍徳川家斉の姫君である溶姫が藩主前田斉泰に嫁いできた時、加賀藩が溶姫のために造った御守殿の門であった。

江戸の間取り 06

大名屋敷・中屋敷
臨機応変に使用された屋敷の実態

❖世継ぎやご隠居だけの空間ではなかった

世継ぎや隠居した大名が住む屋敷として用いられた**中屋敷**は、現役の殿様が住む上屋敷よりも江戸城から遠い場所で下賜されるのが通例である。世継ぎや隠居した大名は現役の殿様のように登城義務がないからだ。

中山道《なかせんどう》沿いの本郷で上屋敷を拝領した加賀藩前田家の中屋敷は、本郷よりも江戸城から遠い同じ中山道沿いの駒込にあった。そして、同家が下屋敷を拝領した平尾は中山道板橋宿近くにあり、駒込よりもさらに遠かった。上屋敷、中屋敷、下屋敷となるほど、江戸城から遠くなる傾向にあった。

しかし、それはあくまでも原則に過ぎない。中屋敷の方が上屋敷より江戸城に近い場合もみられ

◎尾張藩麹町中屋敷の間取り図（1716～1736）

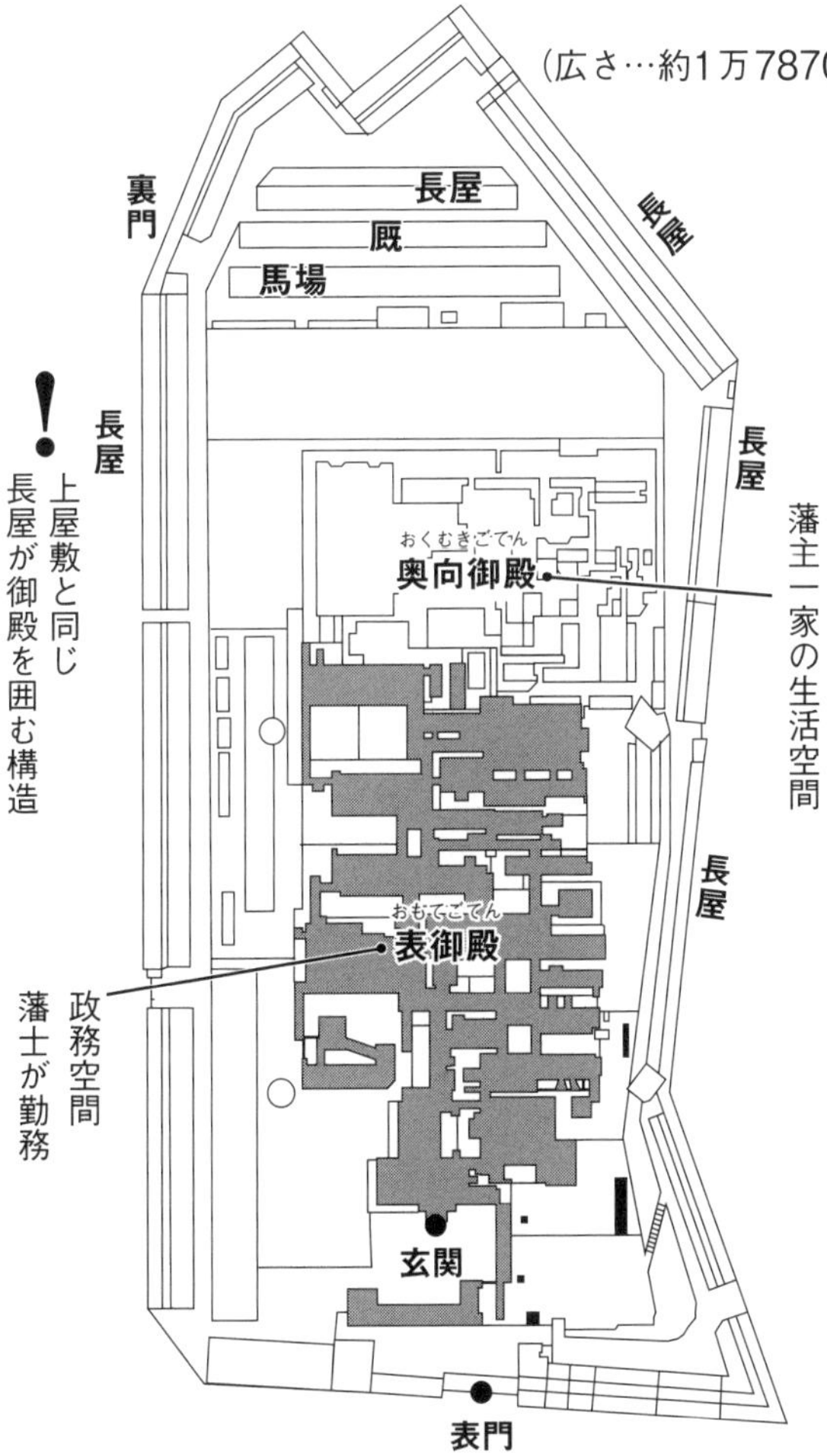

中屋敷…世継ぎや隠居した大名の住まい。
上屋敷の代わりに使われることもあった

（『東京都千代田区 尾張藩麹町邸跡』『新編 千代田区史』所収の図を元に作成）

た。尾張藩の上屋敷は市谷だが、中屋敷は市谷よりも江戸城に近い麹町《こうじまち》である。現在は上智大学が立っている。

世継ぎや隠居した大名だけが中屋敷に住むとも限らない。現役の殿様が住む場合もあった。尾張藩が麹町で屋敷を拝領したのは寛永13年（1636）のことで、その規模は一万七八〇坪である。前ページの間取り図は八代将軍吉宗治世下の享保期（1716～36）の屋敷図だが、中央部に御殿があり、周囲を長屋が囲むスタイルは上屋敷とまったく同じだ。御殿が表と奥に区分されているのも同様で、それぞれ**表御殿**《おもてごてん》と**奥向御殿**《おくむきごてん》と呼ばれた。

この頃、市谷上屋敷が火災により焼失したことで、麹町中屋敷が上屋敷の機能を代替していたのである。現役の殿様が住むことになったため上屋敷と同じ内部構造が取られたのかもしれないが、もともと上屋敷が使用できなくなった場合を想定した造りだったのだろう。

奥向御殿に住んでいるのは現役の殿様である大名と妻子たちで、表御殿には長屋住まいの藩士たちが勤務した。再建が完了すると、藩主と家臣は上屋敷に戻った。

中屋敷は上屋敷が罹災した場合に備えた役割も期待されていた。麹町中屋敷の間取り図とはそんな期待を証明する図面なのである。

紀州藩の中屋敷があった赤坂御用地（Ryuji / PIXTA（ピクスタ））

❖上屋敷化した中屋敷

中屋敷は上屋敷の機能を代替する役割も果たしていたが、**中屋敷が上屋敷化してしまう事例もみられた**。同じ御三家の紀州藩がこの事例にあてはまる。紀州藩の上屋敷も尾張藩中屋敷に隣接する形で麹町にあり、現在は東京ガーデンテラス紀尾井町や清水谷公園が立つ。

明暦3年（1657）の明暦の大火後、幕府は紀州藩に麹町で上屋敷を下賜した。その面積は二万坪ほどだった。すでに寛永9年（1632）には赤坂で中屋敷を下賜していたが、その面積は一四万坪を超え、紀州藩江戸藩邸のなかで最大の規模を誇った。現在は赤坂《あかさか》御用地《ごようち》になっている。

麹町上屋敷の方が赤坂中屋敷よりも江戸城に近く、

◎勤番長屋拡大図

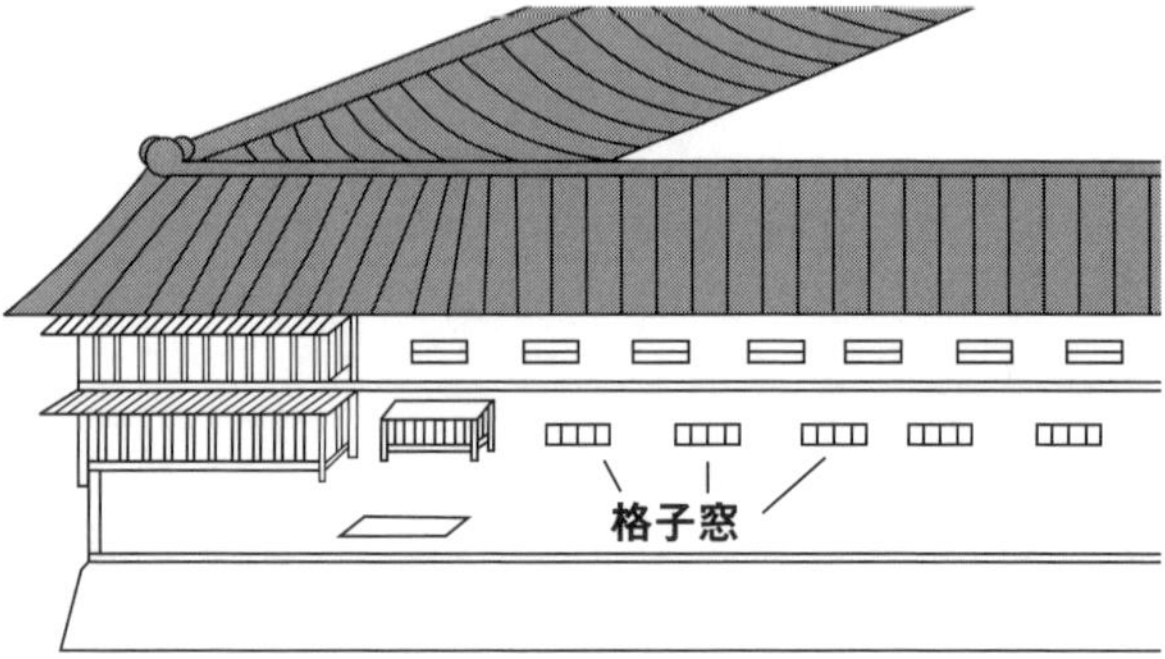

藩士は自由に屋敷外へ出られなかったため、
格子窓から行商人を呼び止めて買い物をすることが多かった

将軍御成に備えた御殿も造られたが、面積は中屋敷の方が数倍広かった。赤坂中屋敷が上屋敷として使われるようになるのは時間の問題であった。

その後、麹町上屋敷が焼失すると、再建されることはなく、これを機に現役の殿様が赤坂中屋敷に住むようになる。形式上は中屋敷であるものの、その実態は上屋敷だったのである。

中屋敷は上屋敷の機能を代替する役割も期待されたため、中央部に御殿が置かれ、その周囲を長屋が取り囲む内部構造となる場合が多かった。上屋敷と同じく、長屋では大勢の家臣が共同生活を送ったが、そもそも江戸藩邸にはどれほどの人数が住んでいたのか。

長州藩と同じく有力外様大名の土佐藩山内家は、江戸城近くの鍛冶橋御門近くで上屋敷、芝で中屋敷を下賜されたが、貞享《じょうきょう》元年（1674）の数字によると、上屋敷に一六八三人、中屋敷には一二九五人が住んでいた。その大半は、藩主が江戸在府中だけ長屋に住み込む勤番侍だった。ちなみに、上屋敷の坪数は七〇五二坪、中屋敷の坪数は八四二九坪である。

上屋敷にせよ中屋敷にせよ、図示したように江戸屋敷の壁のような形で配置された勤番長屋は二階建だが、道路側には格子窓が付いていたため、**窓越しに行商人を呼びとめて買い物をする事例が跡を絶たなかった**。自由に屋敷外に出られない事情が背景にあった。

洗濯物を窓越しに干すこともみられた。格子を外す事例まであり、藩当局から叱責されている。これは鳥取藩池田家の事例である。

江戸の間取り 07

大名屋敷・下屋敷

贅を凝らした郊外近くの体験型施設

❖広大な敷地にアトラクションを設置

別荘・倉庫・避難所として使われた下屋敷は上屋敷・中屋敷とは異なり、複数下賜される事例が珍しくなかった。尾張藩もその一つだが、江戸郊外で下賜されることが多かったため、江戸城近くで下賜された上屋敷や中屋敷よりも面積はかなり大きかった。

なかでも、尾張藩の**戸山《とやま》屋敷**（現新宿区戸山一～三丁目）の広さは群を抜いた。市谷屋敷以上の規模である八万五〇〇〇坪を下賜されたが、尾張藩では周囲の農地を購入して戸山屋敷に組み込んだため、その分を合わせると**一三万坪にも達した**。尾張藩は築地（現中央区築地）や川田久保（現新宿区河田町）などにも下屋敷があり、その坪数を総計すると江戸藩邸の面積は三〇万坪をゆうに越

◎尾張藩戸山屋敷の間取り図（1751～1764）

! 広さ…13万坪（東京ドーム8個分以上）
神社・堂塔数38、茶亭107ケ所

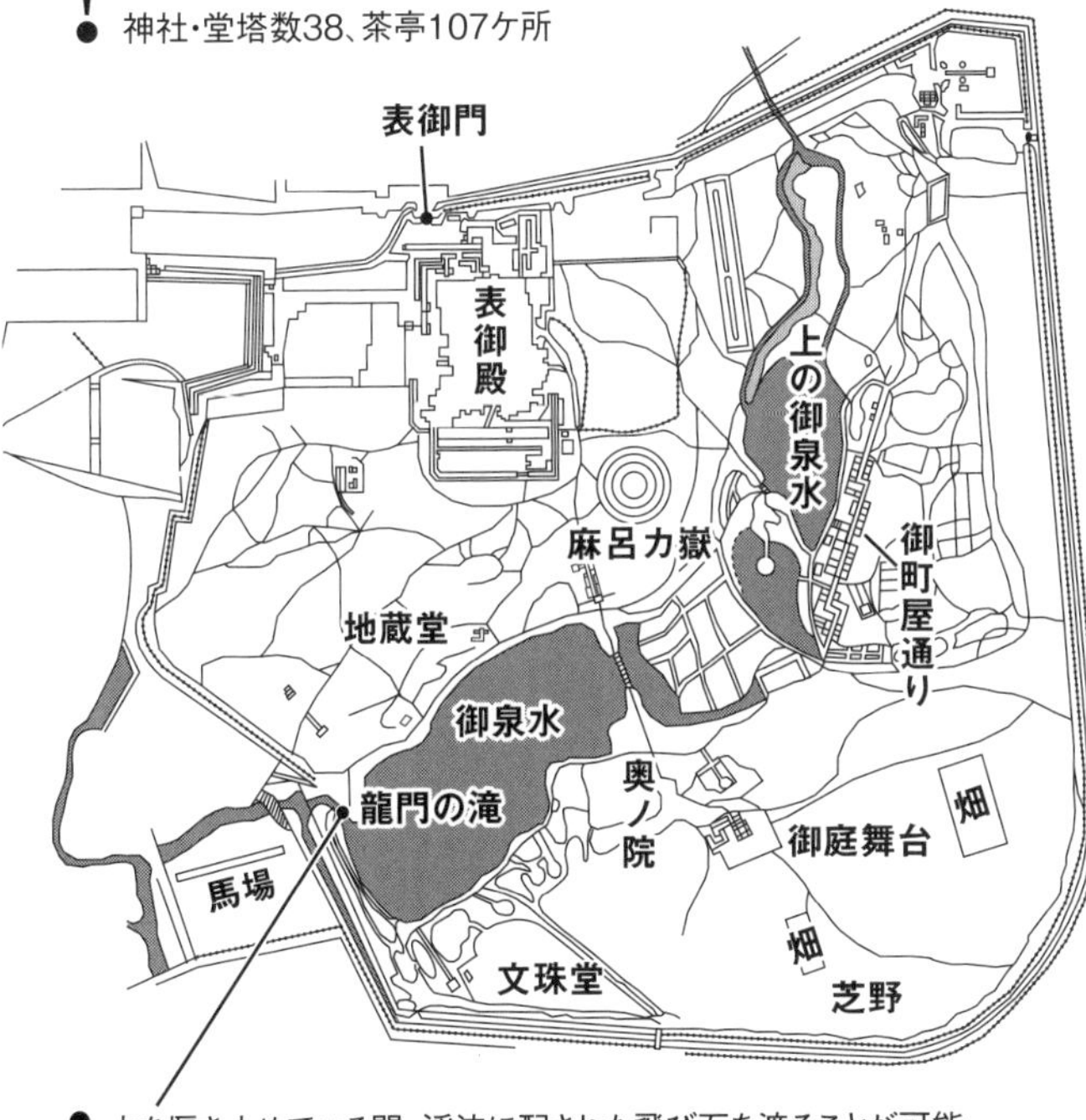

! 水を堰き止めている間、渓流に配された飛び石を渡ることが可能。
堰き止めていた板を外すと、飛び石が水中に没した

表御殿…隠居した殿様の住まい

麻呂カ嶽…人工の山。標高44・6メートル。玉円峰とも。
将軍が訪れることもあった

（『東京市史稿 遊園篇』『大名庭園を楽しむ』所収図を元に作成）

した。

前ページの図は、宝暦年間《ほうれき》（1751～64）に描かれた図を元に作成した戸山屋敷の間取り図である。**その大半は庭園**であったため、戸山屋敷は**戸山荘**という名で広く知られた。戸山荘内には神社や堂塔が三八ケ所、茶亭も一〇七ケ所あった。図からも、その威容はよくわかる。

その景観も素晴らしい。現在残されている絵巻を見れば一目瞭然なのだが、山あり谷あり。巨大な池や滝もあった。のどかな田園風景も造られていた。見所満載の庭園であり、そのうち二五ケ所のスポットは「戸山荘二十五景」として広く喧伝された。その評判を聞き付け、将軍徳川家斉が何度も訪れたほどだった。

戸山荘の南側には表御殿がある。隠居した尾張藩の殿様が住んだ場所だ。この御殿で隠居生活を送りながら、戸山荘を心行くまで楽しんだのである。

御殿の近くには、「麻呂《まろ》カ嶽《たけ》」という名前の山がそびえ立っていた。戸山荘二十五景の一景で、玉円峰《ぎょくえんぽう》とも呼ばれた山だが、実は人工の山だった。

庭園の中央部には二万坪余もの巨大な池があった。その造成のため掘り出された土で築かれた山なのである。この築山《つきやま》自体は二〇メートルほどの高さだが、標高で言うと四四・六メートル。江戸御府内でみると、当時の最高峰だった。

戸山荘を描いた絵図。戸山荘二十五景と呼ばれた美しい景観が広がっており、大名や将軍を虜にした（「宝暦頃・戸山御屋敷絵図」部分『東京市史稿 遊園篇』国会図書館所蔵）

将軍が戸山荘を訪れた時は頂上に床机《しょうぎ》が置かれ、その上に毛氈《もうせん》も敷かれた。その築山に立つと、庭園はもちろん江戸の眺めも一望できた。現在、この辺りは箱根山公園となっている。

戸山荘二十五景の一つである**龍門の滝**でのアトラクションは、戸山荘の名物の一つになっていた。まず、巨大な池から滝へと流れていく水を堰《せ》き止めておく。訪問客たちが渓流に配された飛び石の上を渡り切ると、堰き止めの板を外して滝へ水を落とす。そうすると、今まで渡って来た飛び石が水中に没するという趣向であった。

❖宿場町のセットが造られた

戸山荘（戸山屋敷）のように、とりわけ面積が大きかった下屋敷は庭園化する傾向がみられたが、楽しめたのは

（小寺武久『尾張藩江戸下屋敷の謎』所収図を元に作成）

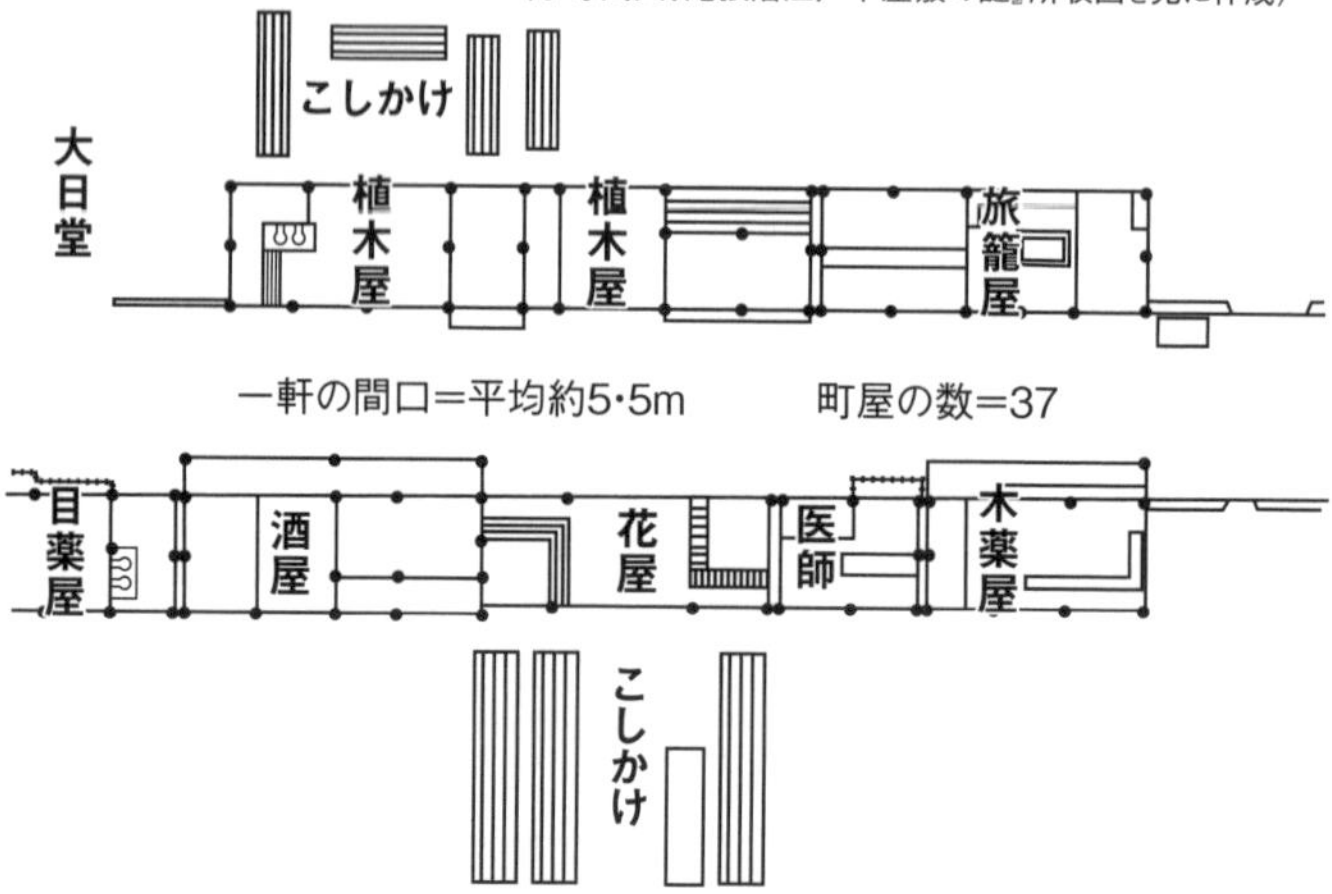

景観だけではない。**本物そっくりの宿場町のレプリカも作られていた**のだ。

同じく二十五景の一つに数えられた**「御町屋通《おまちやどお》り」**は、東海道小田原宿をモデルにして造られたと伝えられる。図のように、三七軒もの町屋が七五間（約一三六メートル）にわたって立ち並んでいた。一軒の間口は平均約三間（五・五メートル）だった。

米屋・家具屋・菓子屋・旅籠《はたご》屋などの店舗や弓師・矢師・鍛冶屋などの職人の店つまり町屋が、時代劇のセットのように実寸大に造られたのである。本当に旅をしているかのような幻想を戸山荘の訪問客に湧き立たせる粋な趣向が施されていた。

普段は、何も商品は置かれていなかったが、将軍や他大名が訪れる時になると、暖簾《のれん》が掛けら

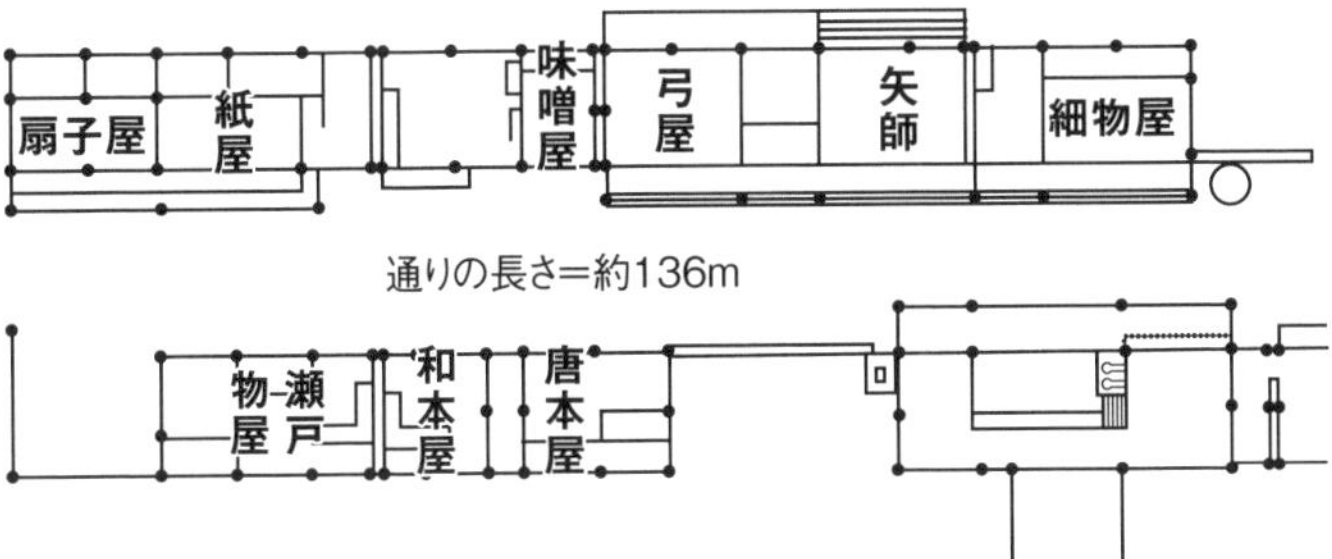

戸山山荘につくられたレプリカの宿場町・御町屋通り
大名が訪れると商品が並べられた

れ、看板が飾られ、商品が陳列された。ウインドウショッピングが楽しめる趣向になっていたのだ。将軍の目に留まった商品は、お土産として献上された。

尾張藩以外の下屋敷としては、加賀藩前田家の平尾下屋敷（現板橋区加賀一～二丁目など）が挙げられる。その面積は約二二万坪もあり、江戸最大の下屋敷であった。屋敷内には自然河川である石《しゃく》神《じ》井《い》川《がわ》が取り込まれ、築山や石、滝などが配された。戸山荘に勝るとも劣らない巨大庭園が加賀百万石の名にかけて造り上げられたのである。

江戸の間取り 08

庭園 接待・行楽・交流の場…武士のイベント空間に潜入

❖将軍が息抜きで重宝した庭

江戸には巨大な庭園が数多くみられたが、その大半は大名屋敷内の庭園である。上屋敷・中屋敷・下屋敷問わず、御殿に付属する形で造成された。

いわゆる**大名庭園は大名個人が楽しむだけでなく、大名どうしの接待で大いに活用された空間だった**。将軍の訪問もみられたことは、尾張藩戸山屋敷の事例でみたとおりである。

その様式は池泉回遊式《ちせんかいゆうしき》庭園と呼ばれる。広大な池や泉が中心に置かれ、周囲に築山や石、橋、茶屋などが配置されるスタイルだ。園内を回遊しながら、景勝の数々を楽しめる造りになっていた。

将軍も庭園を持っていた。城内には「吹上《ふきあげ》御庭《おにわ》」という広大な庭園があったが、城外にも**「浜御《はまお》**

◎浜御庭【将軍の庭】の間取り図

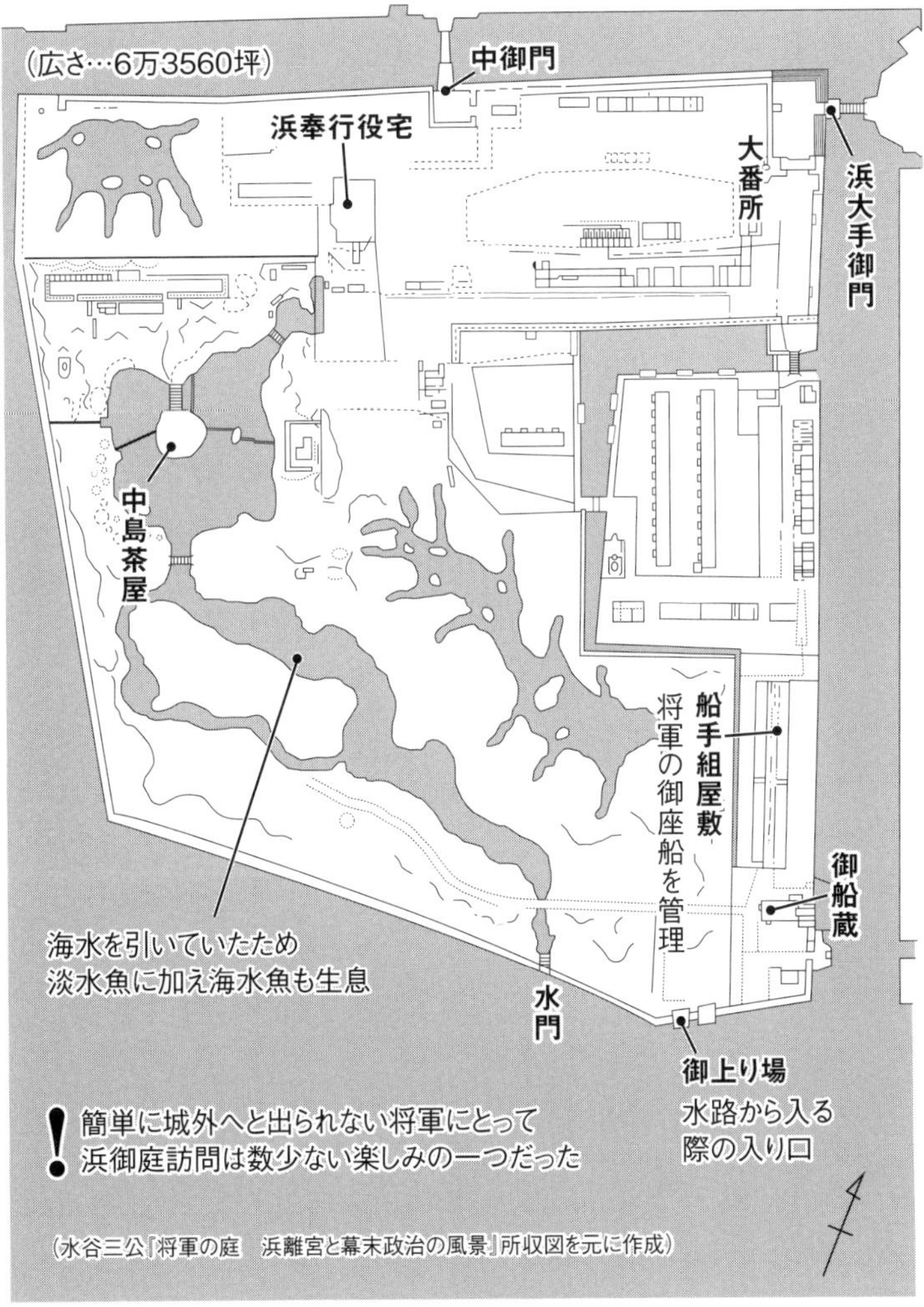

（水谷三公『将軍の庭　浜離宮と幕末政治の風景』所収図を元に作成）

庭《にわ》」と呼ばれた庭園があった。現在の浜離宮恩賜庭園のことであり、図のように六万三五六〇坪余もの規模を誇る海辺の庭園だった。

江戸湾に面する浜御庭は、**海水が園内の池に入り込む潮入りの庭園**として知られていたが、元々は将軍の庭園ではない。四代将軍徳川家綱《いえつな》の弟である甲府藩主徳川綱重《つなしげ》に与えられた屋敷の一つだった。その後、綱重の子である綱豊が六代将軍家宣《いえのぶ》となると、この屋敷は将軍の庭として整備が進み、浜御庭が誕生する。浜御殿《はまごてん》とも称された。

江戸城奥深く暮らし、なかなか城外には出られなかった将軍は、浜御殿を訪れることを大変楽しみにしていた。一一代将軍家斉《いえなり》などは、約二五〇回も浜御殿を訪れたほどである。将軍が浜御庭を訪れるには陸路と水路の二つがあったが、御座船に乗って海路で向う場合は「御上《おあが》り場《ば》」から上陸することになっていた。

浜御庭の東側には、庭の維持管理を担う浜御殿奉行関係の施設のほか、将軍が乗船する御座船《ござぶね》を管理・運行する御船手《おふなて》関係の施設が置かれた。右側は庭園だが、双方の区画は門や塀で仕切られていた。

浜御庭ならではの楽しみと言えば、池での魚釣りである。海水を引き入れているだけあり、淡水魚のみならず海水魚も釣り上げることができた。

◎六義園【郡山藩の庭園】の間取り図

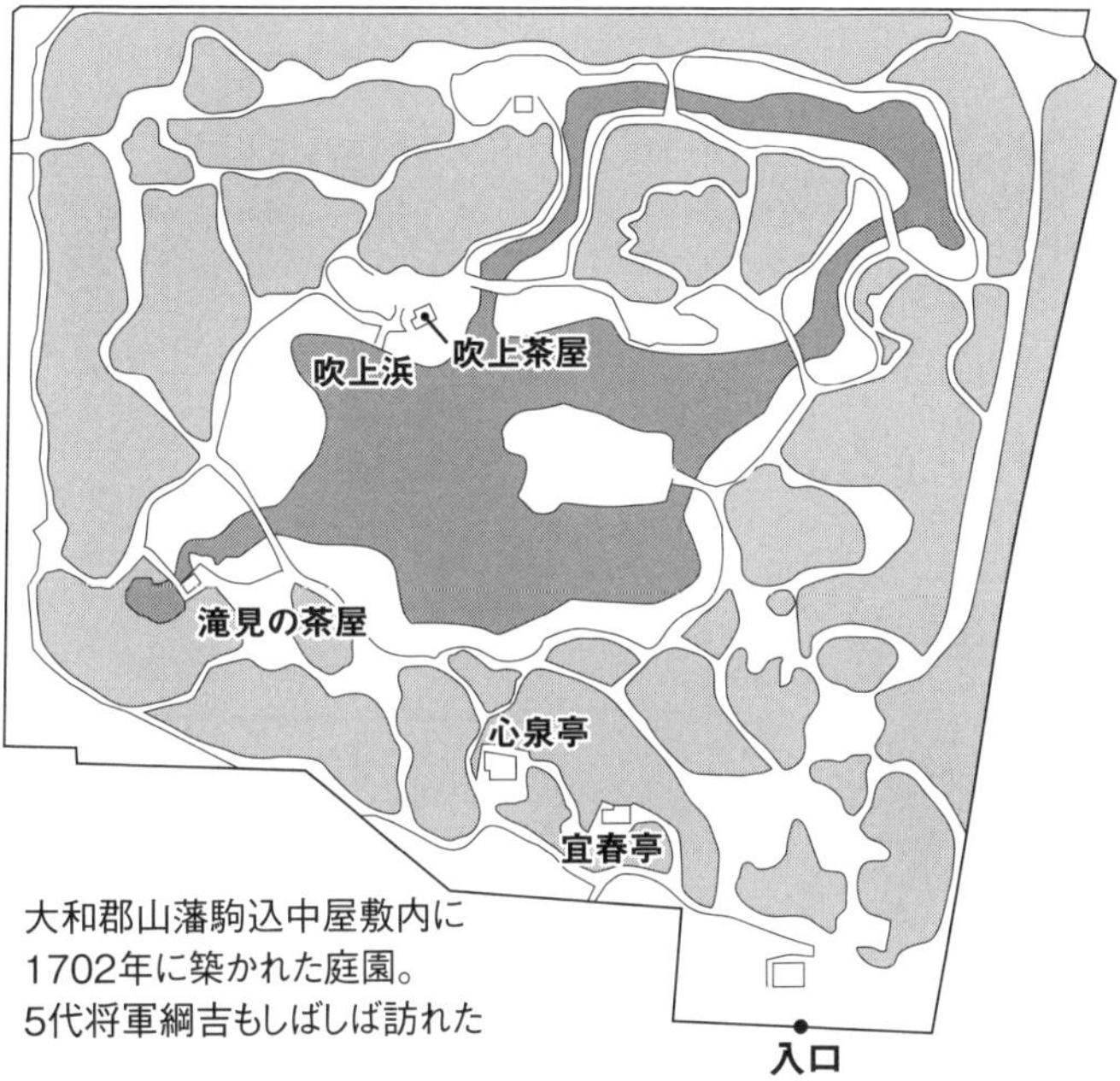

大和郡山藩駒込中屋敷内に
1702年に築かれた庭園。
5代将軍綱吉もしばしば訪れた

（『図説江戸２ 大名と旗本の暮らし』所収図などを元に作成）

浜御庭での遊覧や飲食を楽しんだのは将軍だけではない。御台所をはじめとする大奥の女性たちも同様だ。大奥という極めて閉じられた空間での生活を余儀なくされた彼女たちにとり、この上ない楽しみだった。

❖水戸黄門の社交場

江戸藩邸内に作られた大名庭園で現存するのは、水戸藩小石川上屋敷内の後楽園、大和郡山藩駒込中屋敷内の六義《りくぎ》

水戸藩主徳川光圀

園《えん》などだが、81ページに図示した小石川後楽園は水戸黄門で知られる水戸藩主徳川光圀の時に完成した庭園だ。上屋敷の御殿が建っていた場所は現在東京ドームになっている。

その様式は大名庭園共通の池泉回遊式庭園だが、**後楽園の場合は中国の影響が色濃くみられる**のが特色だった。西湖の堤は、中国の杭州にある西湖とその蘇堤を模したもの、円月橋《えんげつきょう》は日本に亡命してきた儒学者朱舜水《しゅしゅんすい》の指導により造られた中国様式の橋であった。園内最古の建築物の得仁堂《とくじんどう》には、光圀が尊敬する伯夷《はくい》・叔斉《しゅくせい》の像が祀られた。園内には清水観音堂、渡月橋など京都を見立てた建築物もあった。

毎年正月、水戸藩では後楽園を会場として藩主主催の梅の花見が家臣を招いて執り行われた。園内の尚古閣では藩主自ら家臣にお酌をしている。庭園を舞台にした固めの盃の光景がみられたのだ。**大名庭園は、藩外だけでなく藩内の交流の場としての顔も持っていた。**

◎後楽園【水戸藩の庭園】の間取り図

後楽園…水戸光圀の時代に完成。中国の影響が濃い

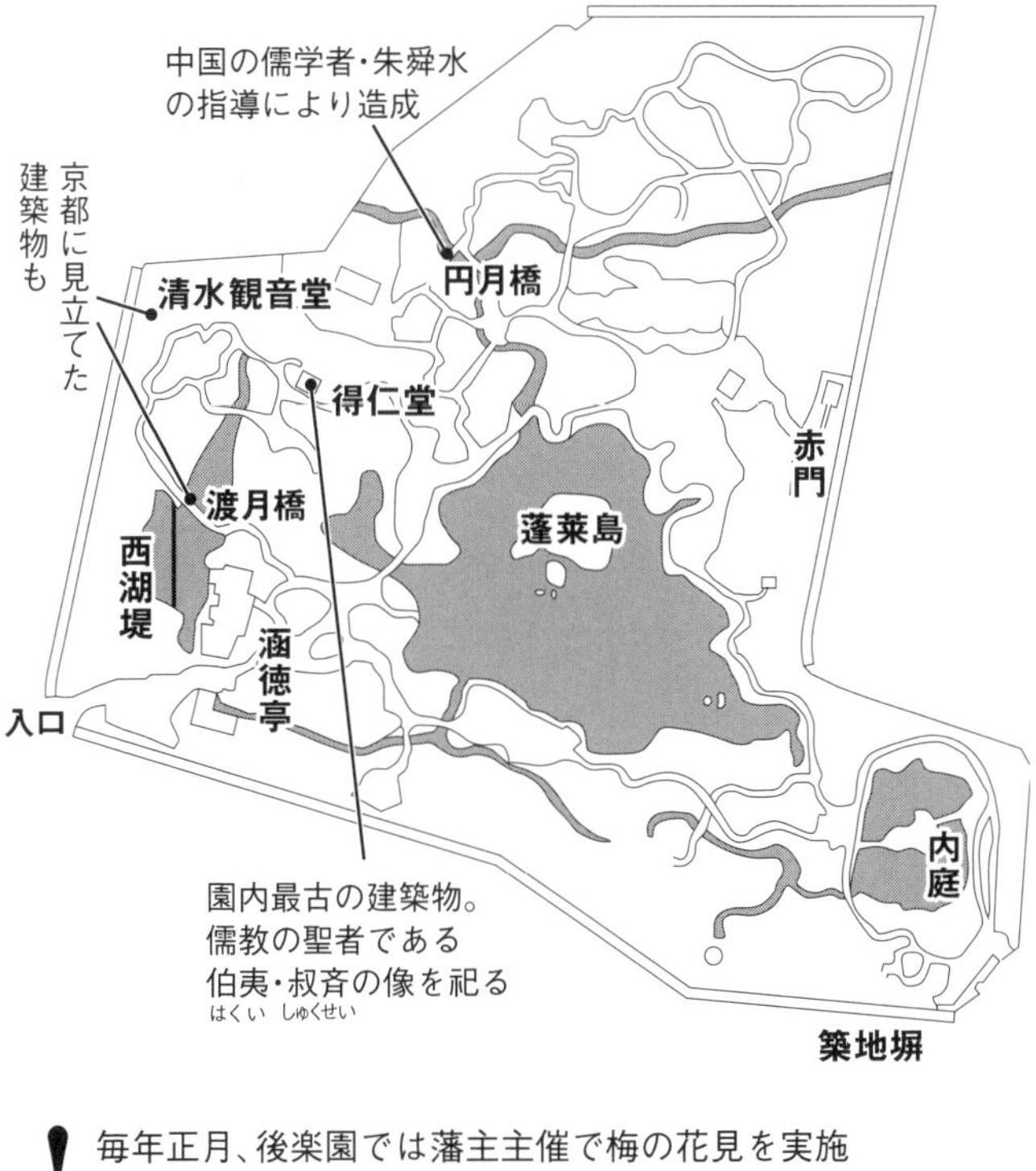

! 毎年正月、後楽園では藩主主催で梅の花見を実施
藩主自ら家臣に酌をするなど、藩内交流の場として機能

(『図説江戸２ 大名と旗本の暮らし』所収図などを元に作成)

江戸の間取り 09

旗本屋敷

転勤族だった将軍直参の武士たち

❖赤穂浪士が討ち入った旗本屋敷

将軍の御直参《ごじきさん》である旗本や御家人も幕府から屋敷を下賜されたが、旗本の場合は大名と同じく個々に拝領するのが通例だった。御家人は所属する組単位で与えられたが、その違いは御目見得《おめみえ》資格の有無に象徴される身分の格差に拠る。旗本にせよ御家人にせよ、大名とは異なり下賜された屋敷は一つだけである。

一口に旗本といっても幕末には五〇〇〇人以上もおり、禄高にはかなりの格差があった。一〇〇〇石以上の旗本になると、大名屋敷には及ぶべくもないが、一〇〇〇坪をはるかに超える地所が与えられた。以下、忠臣蔵でもお馴染みの吉良上野介《きらこうずけのすけ》の屋敷図を例に、旗本屋敷の内部を覗いてみよう。

◎吉良上野介（上級旗本）の屋敷の間取り図

（広さ…2559坪）

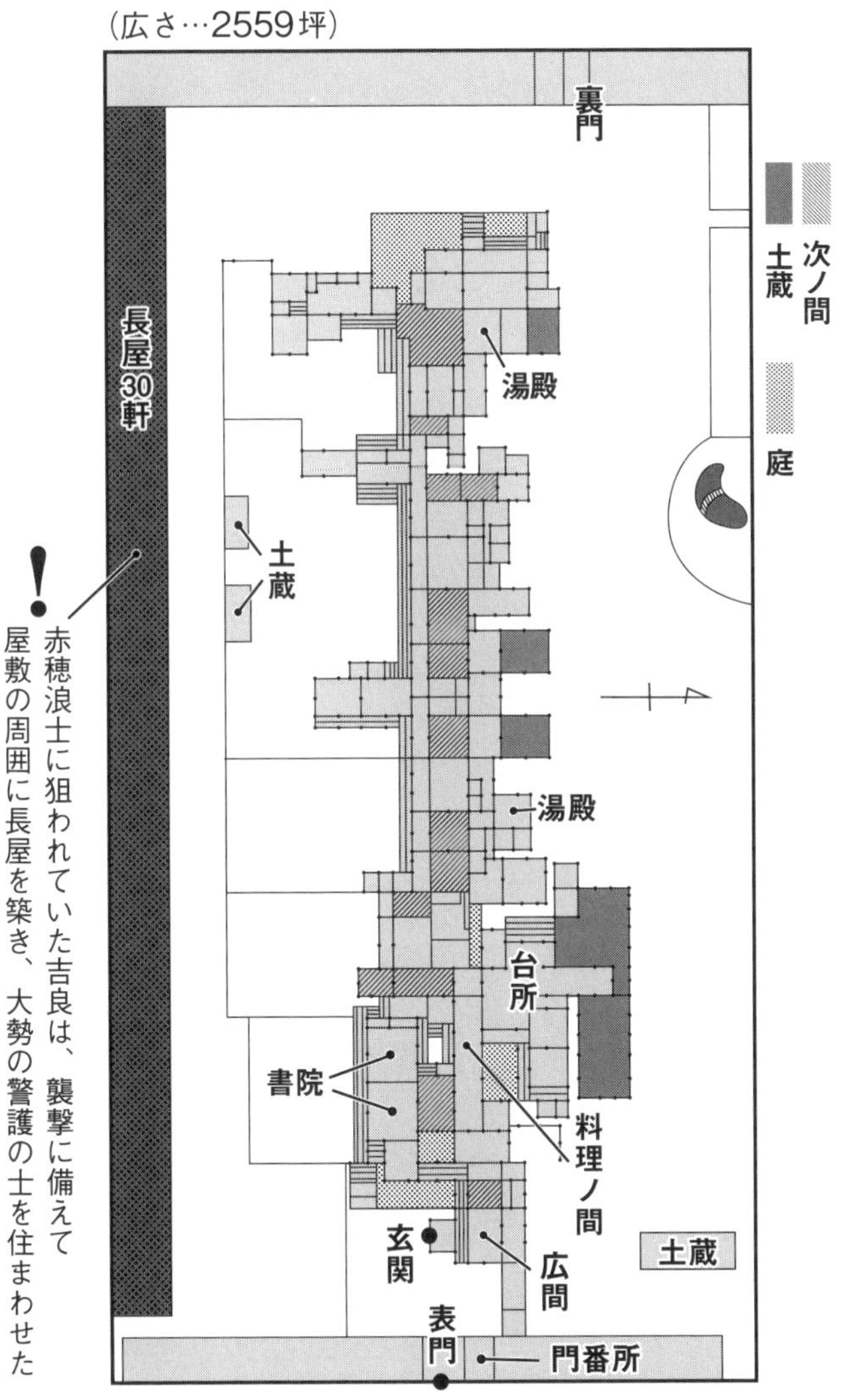

（『図説 見取り図でわかる！江戸の暮らし』所収図などを元に作成）

吉良上野介は四二〇〇石の高禄旗本である。幕府の儀典《ぎてん》係として名家から取り立てられた高家《こうけ》でもあったため、その格式は非常に高かった。官位は有力大名級だった。

元禄14年（1701）3月14日の刃傷松の廊下後、吉良は隠居した。幕府は江戸城近くに与えていた屋敷を取り上げ、城から遠く離れた隅田川沿いの本所に屋敷を与える。この屋敷替は隠居により江戸城への登城義務がなくなったからだろう。その面積は二五五九坪であった。

吉良に与えられた本所の屋敷は、かつては松平登之助という旗本の屋敷だった。この界隈は旗本屋敷が数多く立ち並んでおり、表門のある東側には牧野一学、鳥居久太夫の屋敷があった。北側には、旗本土屋主税、本多孫太郎の屋敷があった。

吉良家では新たに拝領した屋敷を大改造している。隠居した吉良に加えて家督を継いだ吉良左《さ》兵衛《ひょうえ》が暮らす御殿が置かれたため、次ノ間など部屋が数多く設けられたのがその特徴だが、一番目を引くのは道に面した長屋が三〇軒も造られたことである。高禄旗本とはいえ、吉良家の身上ではそんなに多くの家臣を邸内に住まわせるのは無理だった。

主君浅野内匠頭《あさのたくみのかみ》を死に追いやったとして、吉良は赤穂浪士たちから命を狙われていた。よって、その襲撃に備えて御殿を取り囲むように長屋を造り、警護の士を大勢住まわせる必要があったのだ。

そこで吉良が頼ったのが、息子が藩主を勤める米沢藩上杉家である。吉良家の身上を越える警護

赤穂事件をもとに創作された忠臣蔵の一場面（歌川国芳「誠忠義士聞書之内討入本望之図」部分『曽我忠臣蔵錦絵并番附集』国会図書館所蔵）

の士を長屋に住まわせることができたのは、上杉家の援助があったからに他ならない。

こうした厳重な警護体制にも関わらず、翌15年（1702）12月14日に大石内蔵助《おおいしくらのすけ》たち赤穂浪士は吉良邸に討ち入り、吉良の首級を挙げる。その後吉良家は改易され、屋敷跡地は町人が住む土地に改められた。現在では、その一部が本所松坂町公園となっている。

❖頻繁だった屋敷替え

87ページの図は、吉良よりも小禄の旗本である武井善八郎が神田の小川町で下賜された屋敷図である。徳川家宣が六代将軍の座にあった頃の図だ。

武井の禄高は二〇〇俵であり旗本としては小禄だが、当時は賄頭《まかないがしら》（江戸城に食料品を供給する役職）を務めていたことで役料二〇〇俵が加算されて四〇〇俵となっている。坪数は四一二坪で建坪は二一〇坪だった。

吉良邸ほどではないが、部屋の数の多さが目に付く。門の横には長屋が作られ、家臣が住んだ。玄関脇の使者の間は訪問客が控える部屋であり、主人の武井と面会する場合は書院に進む。食事などの接待を受ける場合は料理の間に進むことになる。

旗本屋敷も大名屋敷と同じく幕府から下賜されたものであり、所有権はない。そのため、**幕府の命により屋敷替つまり転居を命じられることは少なくなかった**。「鬼平」の異名で知られる旗本で火付《ひつけ》盗賊《とうぞく》改《あらため》の長谷川平蔵（禄高四〇〇石）が下賜された屋敷などは、幕府により屋敷替が繰り返された結果、後には意外な人物が住む。名奉行として知られる旗本の遠山金四郎だ。

平蔵の屋敷は本所（現東京都墨田区）にあった。坪数は一〇〇〇坪だが、**長谷川家では幕府からの下賜された屋敷内に町人などを住まわせることで地代収入を得ていた**。その地代を家計の足しにしたわけだが、旗本のみならず御家人が幕府から拝領した屋敷内を武士（旗本・御家人・藩士・浪人）や町人（町医者や儒学者）に貸すことは、ごく一般的な経済行為であった。

逆に、自分の屋敷が江戸城から遠い場合は、江戸城に近い他の旗本屋敷の一部を借地して住む場合もあった。登城の便をよくするためだが、こうした事例は御家人でも広くみられた。

◎武井善八郎（中級旗本）の屋敷の間取り図

（広さ…坪数 412 坪・建坪 210 坪）

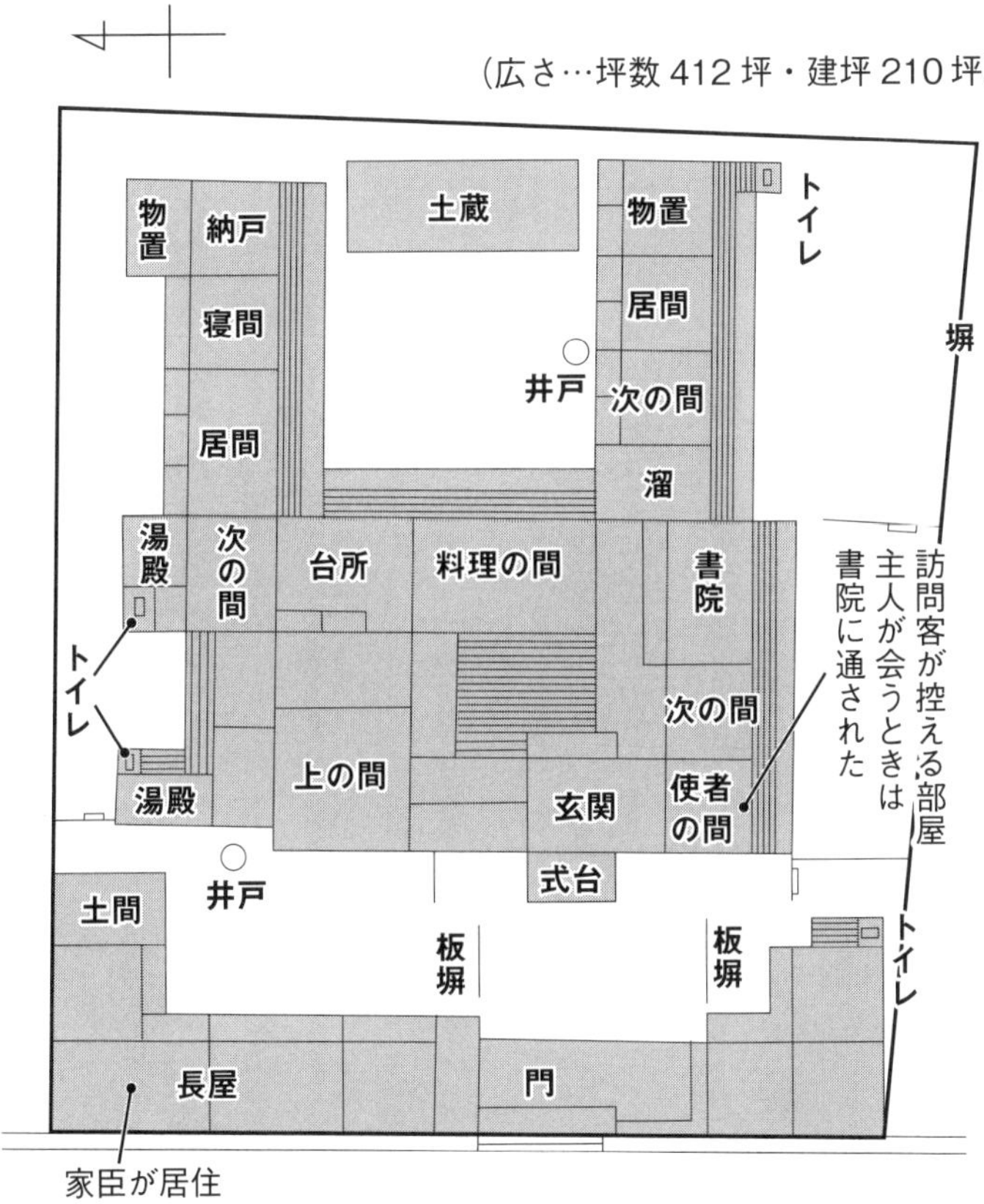

屋敷は幕府から下賜されたもので、所有権はない
幕府の命で転居を命じられる場合も

長谷川平蔵のように、屋敷の一部を賃貸物件として貸す者も
借り手は旗本、御家人、藩士、浪人、町医者、儒者など

（『図説江戸２　大名と旗本の暮らし』『江戸博覧強記』所収図などを元に作成）

江戸の間取り
10

御家人屋敷
御家人の土地活用が江戸の文化を支えた

❖将軍の影武者の土地活用

個別に屋敷を下賜された旗本に対し、御家人が組単位で与えられた屋敷は組屋敷と呼ばれたが、おおむね数千坪単位である。これを組内で個々に分けた。

百人町、弓町という町名が東京に残っている。御家人である鉄砲百人組や弓組の組屋敷が広がっていた由緒をもって命名された町名だ。御徒《おかち》の組屋敷があったことで名付けられた御徒町は町名としては消えたものの、駅名として残っている。

御徒とは将軍の警護役を勤めた御家人である。将軍が江戸城外に出る時は将軍と同じ黒羽織を着用するのが定めで、いわば影武者だった。御徒は一組三〇人から構成され、全部で二〇組。下谷や

◎山本政恒（御家人）の屋敷の間取り図

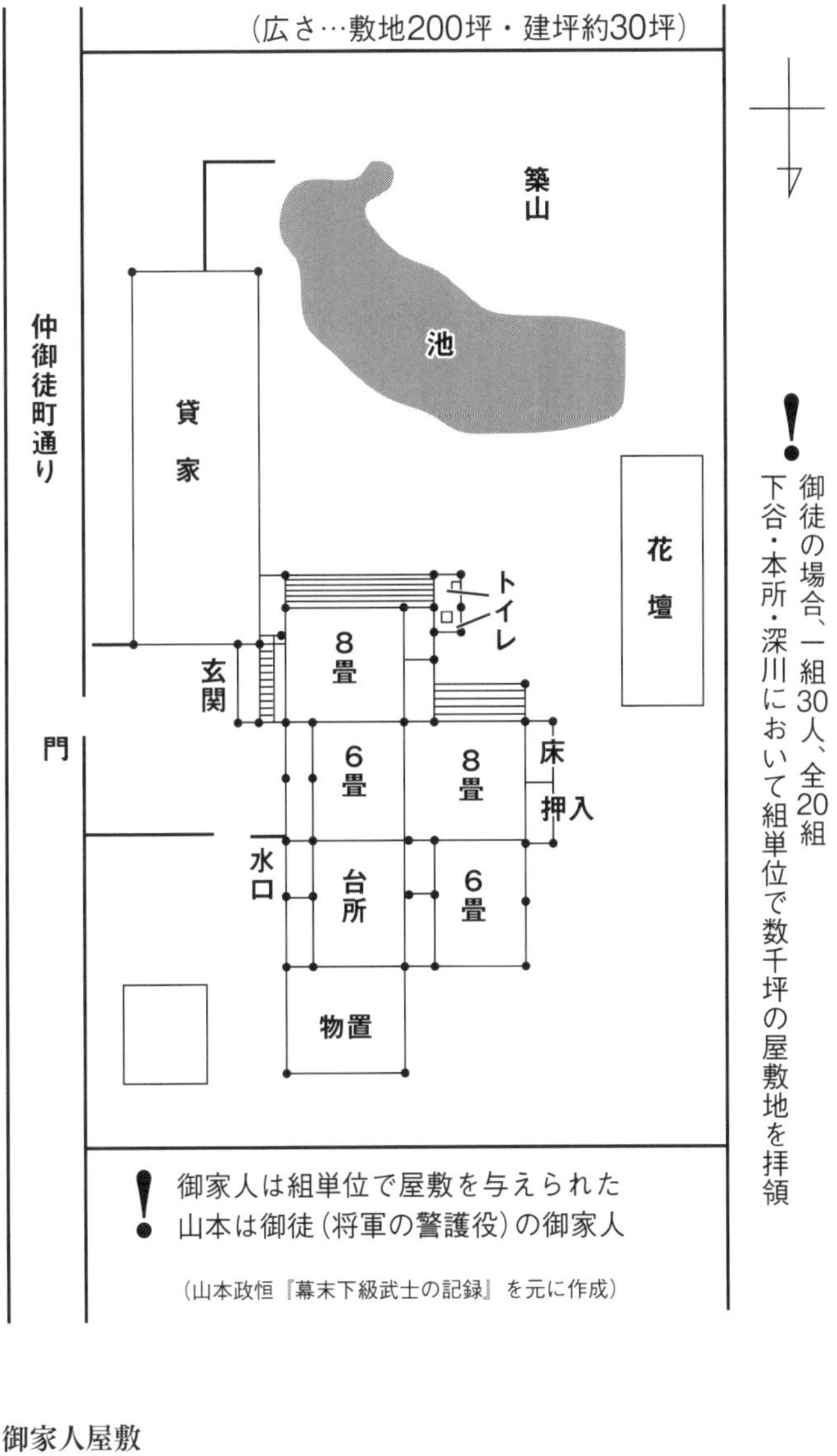

（山本政恒『幕末下級武士の記録』を元に作成）

本所・深川で、組単位で数千坪の屋敷地を拝領した。個人に均《なら》すと、二〇〇坪前後となる計算だ。

前ページの図は、御徒山本政恒《やまもとまさつね》の屋敷見取図である。場所は、現在のＪＲ御徒町駅近くにあたる。玄関、台所、物置。六畳と八畳が二間ずつあり、建坪は三〇坪ほど。屋根は瓦葺き。南側の庭園には池や築山もあり、御徒の屋敷としては立派な方だ。花壇もあった。

貸家もあるが、**屋敷内の土地を貸して生活の足しにするのは、御徒に限らず御家人にとってはごく普通の経済行為**だった。他の組屋敷の事例をみると、同じ御家人や藩士のほか、御坊主衆・学者・医師などが御徒の屋敷に地借している。

御徒の組屋敷は深川でも与えられたが、深川の場合は個々の屋敷の規模は一三〇坪ほどであった。建坪二〇〜三〇坪ほどの建物の構造も山本政恒の屋敷と似たようなものだが、裕福な者は土蔵や湯殿を持っていた。

空いた土地は農地にする一方、地代を取って貸し付けた。農地には茄子や胡瓜を植え、自家用にしている。

組屋敷は組単位で活用する方法もあった。東京の初夏の風物詩として入谷（現台東区）の朝顔市は有名だが、御徒などの御家人が内職として栽培した朝顔を市場に出したことがはじまりである。栽培するとなると相応の土地が必要だが、そこで活用されたのが組屋敷だった。組屋敷として与えられた土地を朝顔の栽培地として共同利用したわけだ。

現在の東京都新宿区大久保周辺に住んでいた鉄砲百人組の同心が組屋敷で共同して栽培したツツジに至っては、江戸のガーデニングブームのなかで名産品となる。東京都新宿区の花はツツジだが、その由緒は大久保の百人組同心のツツジ栽培にまでさかのぼるのである。

他の御家人の組屋敷では鈴虫や金魚の飼育も盛んであった。養殖には巨大な池が必要だが、組単位で土地活用すれば、それも可能だ。**こうした御家人によるサイドビジネスが、江戸の庭園・ペット文化を支えていた。**

❖八丁堀の旦那の土地活用

江戸町奉行所の与力や同心も身分は御家人である。組屋敷を現在の東京中央区八丁堀の地に与えられたことで、八丁堀が与力・同心の俗称になったことはよく知られているだろう。八丁堀の旦那だ。組屋敷を組の人数で分けると、与力の屋敷は一人あたり二五〇坪~三五〇坪。同心の屋敷は一〇〇坪ほどの広さとなる。

与力・同心にしても、組屋敷内の土地を貸して生活の足しにした事情は、御徒とまったく同じで

◎与力谷村猪十郎の屋敷の間取り図（1837）

（広さ…敷地約312坪・建坪約75坪）

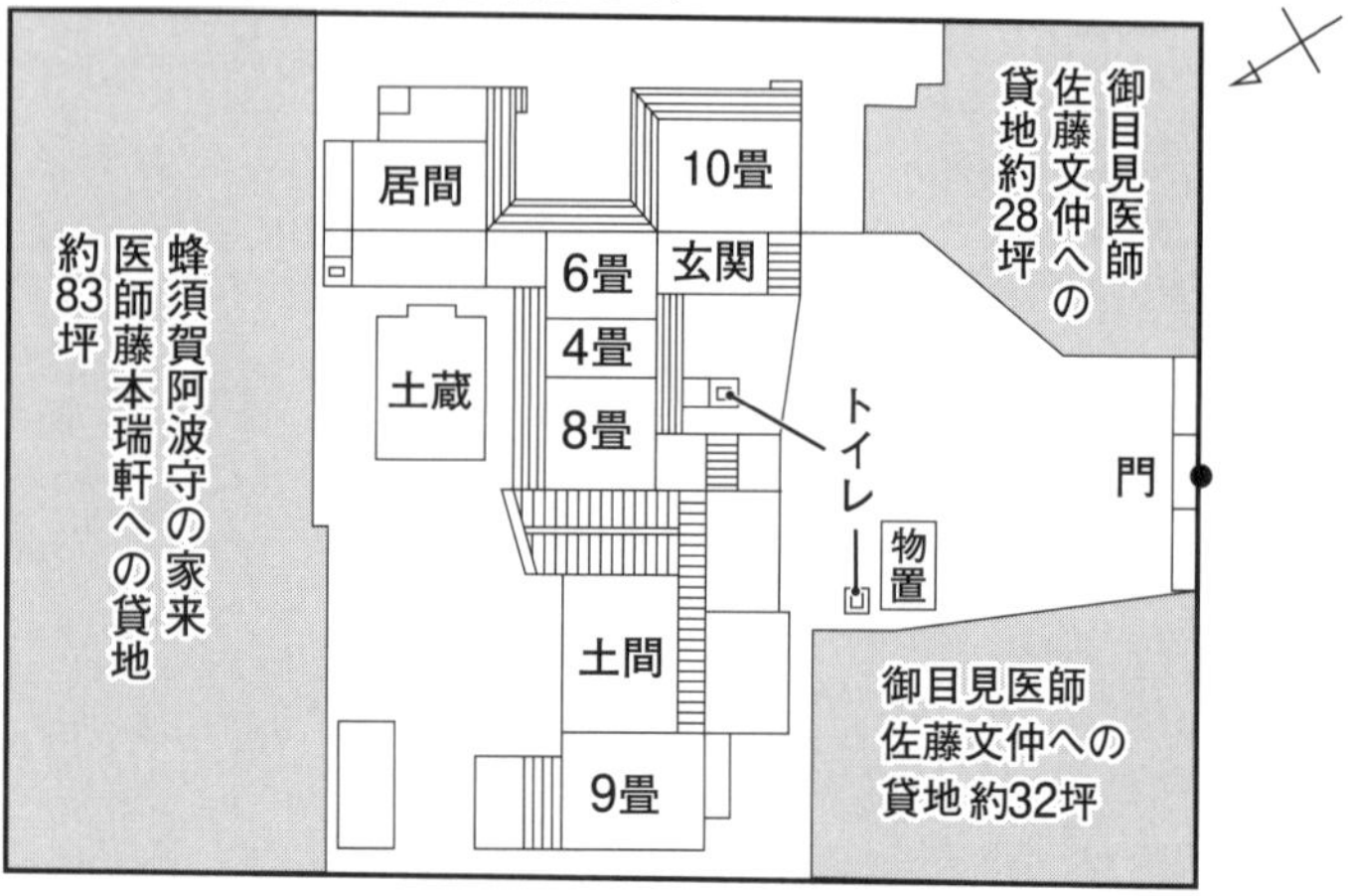

（南和男『江戸の町奉行』、安藤優一郎『鬼平の給与明細』所収図を元に作成）

！与力・同心も身分は御家人で、八丁堀に組屋敷を拝領
他の御家人・旗本と同じく賃貸ビジネスを行っていた

あった。学者や医師・絵師などに貸して地代を取ったが、教科書にも登場してくるような著名人も八丁堀の旦那の地借人だった。

　サツマイモで有名な儒学者青木《あおき》昆陽《こんよう》は、南町奉行大岡忠相《おおおかただすけ》配下の与力加藤枝直の屋敷に地借していたことがある。それが縁で、忠相にも名前を知られた。昆陽はその強力なバックアップを受けてサツマイモの試作を開始し、関東農村にサツマイモの産地が生まれていくことになった。

　上図は与力谷村猪十郎という者の屋敷の間取り図である。天保8

年（1837）の時の図だ。

その面積は三一二坪（建坪約七五坪）だが、半分近くを幕医や徳島藩医に貸していた。屋敷地の賃貸による地代取得に、与力の生活が大きく依存している様子がよく分かる図面だ。

同心の組屋敷の賃貸事情も、与力の場合と変わりはない。与力の屋敷内に地借し、自分が拝領した屋敷をまるごと賃貸に回す同心さえいた。**拝領地を最大限活用して生計の足しにしようとした**のだ。あまり知られていない八丁堀の旦那の土地活用術である。

江戸の間取り 11

町奉行所

超多忙で実力主義だった町奉行の仕事

❖住み込みで働いた江戸町奉行

江戸の都市行政と治安を預かっていたのは時代劇でもお馴染みの**江戸町奉行**である。南町奉行と北町奉行の二名が基本だが、元禄15年（1702）から享保4年（1719）までは三名、慶応3年（1867）には四名に増員された。

南北両町奉行所は江戸城近くに置かれたが、町奉行にとっては勤務の場であると同時に生活の場でもあったことから、**役宅**《やくたく》と称された。町奉行に就任すると家族も連れ、自分の屋敷から役宅の町奉行所に引っ越すのである。

北町奉行所は当初、常盤橋御門《ときわばしごもん》内に置かれたが、文化3年（1806）には呉服橋御門内に移転

◎南町奉行所の間取り図（1810）

（広さ…敷地2681坪・建坪1382坪）

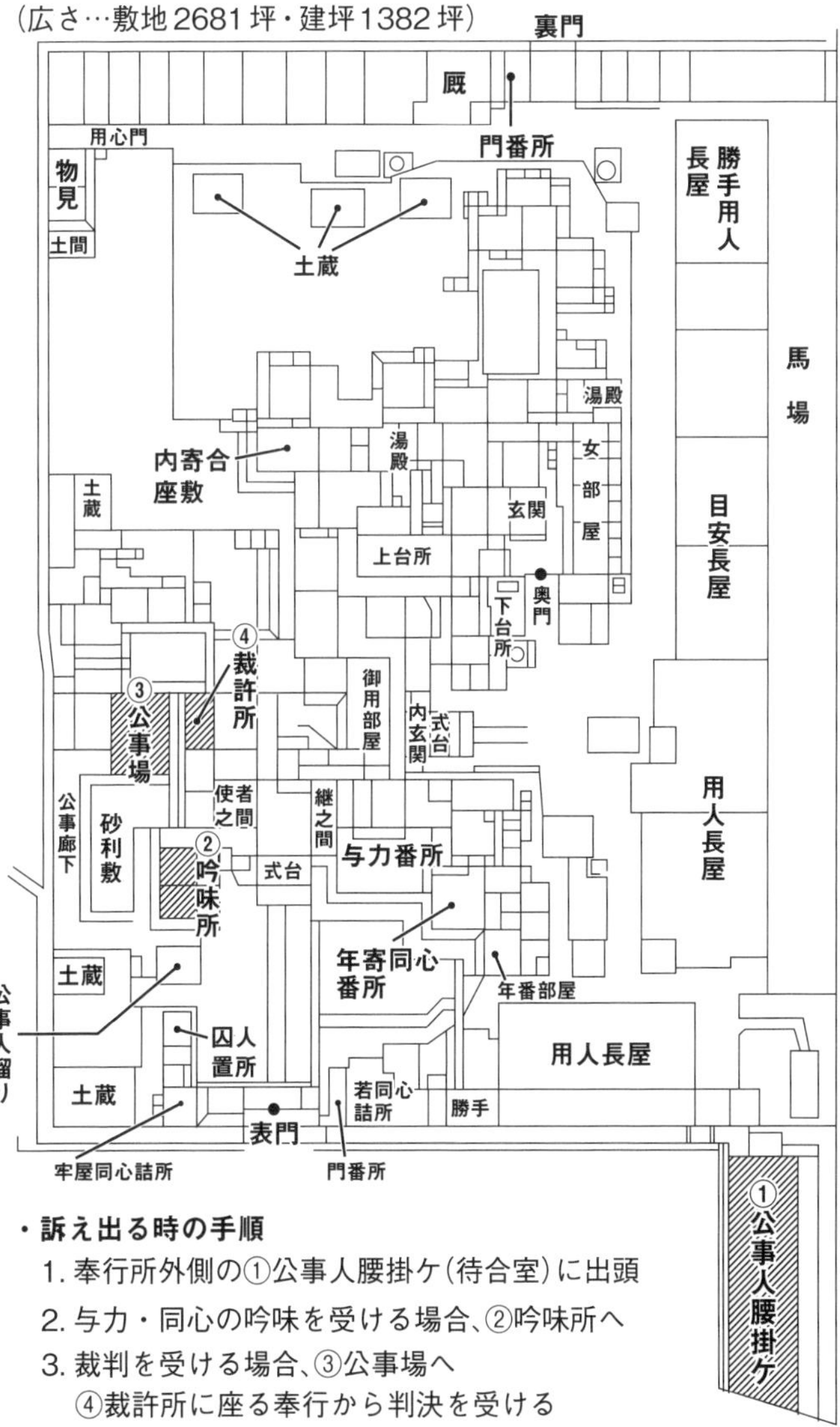

（「文化7年町奉行所図」『徳川幕府事典』などを元に作成）

・訴え出る時の手順

1. 奉行所外側の①公事人腰掛ケ（待合室）に出頭
2. 与力・同心の吟味を受ける場合、②吟味所へ
3. 裁判を受ける場合、③公事場へ
   ④裁許所に座る奉行から判決を受ける

する。南町奉行所は呉服橋御門内に置かれたが、元禄11年（1698）に鍛治橋に移転し、享保4年（1719）以降は数寄屋橋《すきやばし》御門内に置かれた。

南町奉行所は坪数が二六八一坪。そのうち建坪は一三八二坪だった。以下、その内部を具体的にみていこう。文化7年（1810）時の間取りである。

町奉行所に訴え出る時は、まず奉行所外側に設けられた公事人腰掛《くじにんこしかけ》に出頭する。腰掛とは訴訟人の待合室のことである。そして与力・同心の吟味を受ける時は、吟味所に向かう。判決を受ける時は公事場へと進み、お白洲である裁許場に座る奉行から判決を受けることになっていた。この一角が裁判所のエリアにあたる。

表門を進むと式台《しきだい》（土間と床の間に置かれた板）があり、ここからは奉行所の役人が勤務する役所のエリアに入る。御用部屋や与力番所《ばんしょ》、年寄同心番所などがあり、奉行所の中枢部であった。御用部屋には、町奉行の側近として配下の与力・同心との取次役を勤める公用人のほか、訴状を取り調べてお白洲で読み上げる役目の目安方《めやすかた》の与力が詰めた。

奥に進むと、内寄合座敷《ないよりあい》がある。南町奉行が同役の北町奉行やお互いの公用人、そして目安方と会合を持つ場所だ。町年寄を通じて町方に出される町触《まちぶれ》を伝達する場にもなっていた。

さらに奥に向かうと、奉行と家族が日常生活を送るエリアとなる。その右側の目安長屋や用人長

◎南町奉行所の間取り図（1810）

（広さ…敷地2681坪・建坪1382坪）

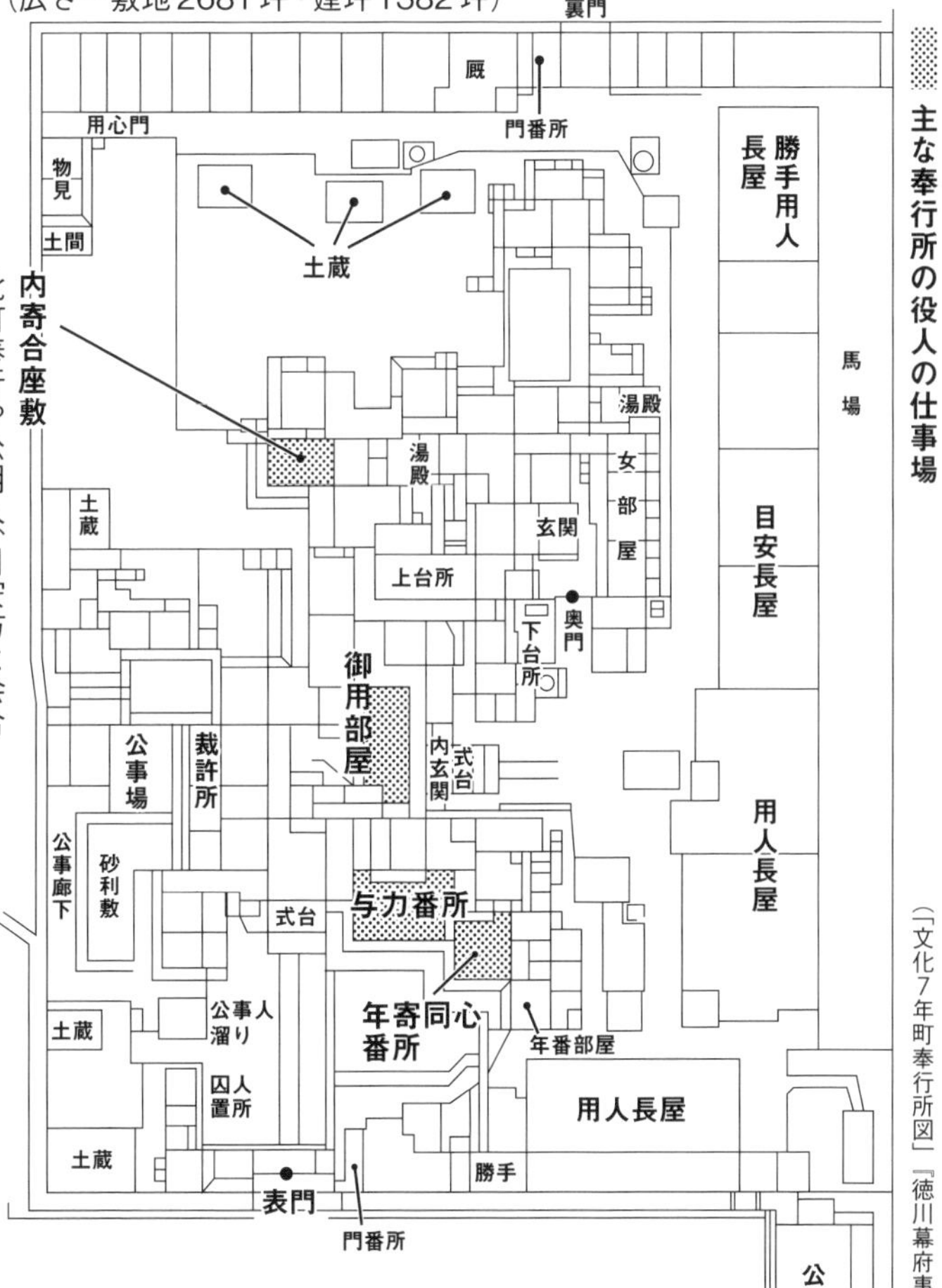
北町奉行や公用人、目安方と会合
町年寄を通じて町触の伝達も
公事人腰掛
（「文化7年町奉行所図」『徳川幕府事典』などを元に作成）

！ 屋敷の奥には奉行が家族で住んでいた他、用人長屋などに内与力が家族で住んだ

！ 御用部屋には、町奉行の側近である公用人や、訴状を調べてお白洲で読み上げる目安方が詰めた

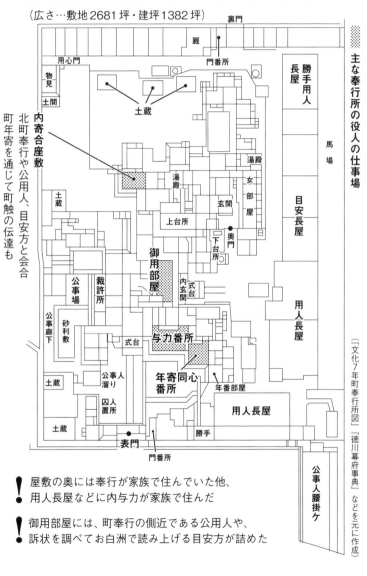

屋には、目安方の与力や公用人を勤める内与力《うちよりき》とその家族が住んでいた。

❖忙しすぎる町奉行の一日

町奉行所を役宅とする町奉行の一日を追ってみる。

毎日午前10時ごろ、町奉行は役宅を出て江戸城へ登城した。城内では老中から指示を受けたり、奉行クラスの幕府官僚との折衝などで忙殺された。ようやく午後2時ごろに、城を退出するが、役宅に戻ると今度は奉行所の訴訟事務や行政事務の処理に忙殺される。そのため、月番《つきばん》・非番という形で一ヶ月ごとの交代制を取っている。

月番の時は、役宅の表門を開いて訴訟などを受け付けた。非番であっても、月番の時に受理した訴訟などは処理している。別に休んでいたわけではなかった。両町奉行は月番の役宅で月三回、内寄合と称して協議をおこない、意思の疎通をはかっている。

幕府の最高意思決定機関として江戸城和田倉門近くの龍の口に置かれた評定所にも、月六回出席

町奉行を20年務めた大岡忠相（『大岡名誉政談』国会図書館所蔵）

する定めであった。寺社奉行や勘定奉行とともに構成する評定所一座のメンバーとして月番・非番の関係なく出席し、国政に関する評議に加わった。

町奉行の職務は実に広範囲にわたっていた。**現在の東京都知事、警視総監、消防総監、東京地方裁判所長官のほか、国務大臣を兼任したような重職**だった。能力が非常に重要視され、小禄の旗本でも就任する例は多かった。勘定奉行や京都・大坂町奉行などの奉行職を勤めあげた旗本が最後に就任する行政職。つまり、**旗本が就任できる最高の役職**として位置付けられていた。

しかし、江戸の行政・司法・治安維持・消防・防災といった都市行政にとどまらず、経済・金融政策など国政の一翼まで担う激職であったため、町奉行の在職期間は平均五～六年に過ぎなかった。在職のまま死去した者も少なくなく、二〇年も務めた大岡忠相《おおおかただすけ》は非常に長い方であった。在職一年に満たない者もいた。

そのため、町奉行は配下の与力や同心に実務をまったく任せることで職務を遂行した。南北両町奉行には与力が二五騎、同心が一二〇人ずつ付属したが、奉行所の職務に精通する与力・同心をうまく使いこなせなければ、奉行の職責は到底果たし得なかったのが実情であった。

江戸の間取り 12

小伝馬町牢屋敷・人足寄場

地獄の沙汰も金次第だった江戸の牢獄

❖金がものを言う牢屋敷での収容生活

江戸の町には、町奉行支配に属する**小伝馬町牢屋敷**《こでんまちょう》という牢獄があった。吉田松陰が収容され処刑された場所だが、その跡地は現在では中央区の十思《じっし》公園などになっている。牢屋敷の面積は二六七七坪で、図示したように周囲には堀が設けられていた。

牢屋敷を管理したのは町奉行支配に属する囚獄《しゅうごく》（牢屋奉行とも称する）石出帯刀《いしでたてわき》である。その下に五〇人ほどの同心が附属し、奉行ともども屋敷内の長屋（「表役人長屋」「内役長屋」）に居住した。そして、同心詰所に詰め、各自の職務にあたった。炊事などは牢屋下男と呼ばれる者たちがあたった。町奉行所からは与力・同心が月に四度見廻っている。

◎小伝馬町牢屋敷の間取り図（江戸時代後期）

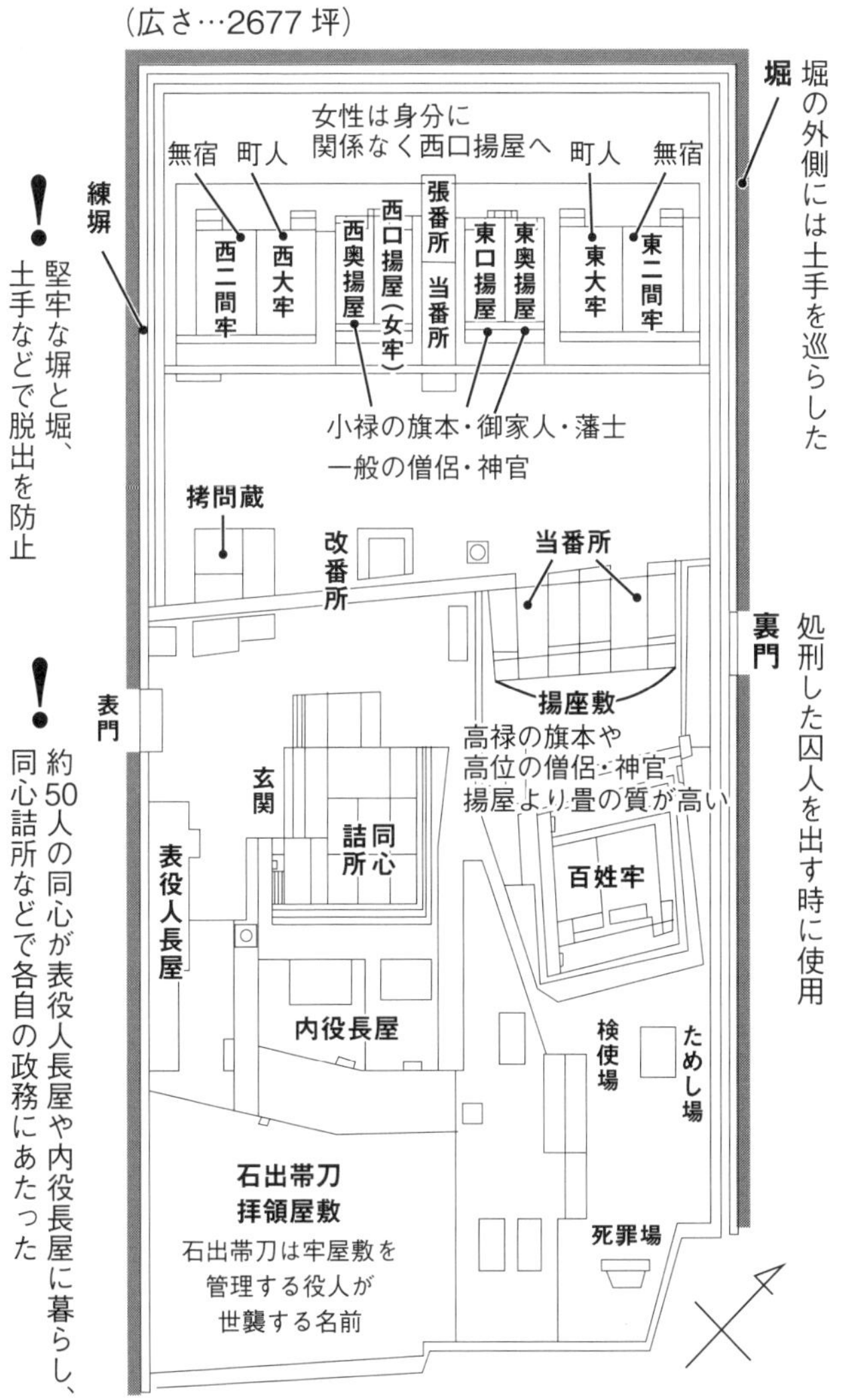

（『図説 見取り図でわかる！ 江戸の暮らし』所収図を元に作成）

叩きの仕置き場面（『徳川幕府刑事図譜』）

牢屋敷には町奉行所のほか、火付盗賊改《ひつけとうぞくあらため》・寺社奉行所・勘定奉行所・評定所《ひょうじょうしょ》が取り扱う事件の囚人も収容された。囚人が取り調べを受ける時は牢屋敷から当該奉行所に送られ、取り調べが済むと再び牢屋敷に収監された。町奉行所与力が出張して吟味にあたる場合もあり、老中の許可があれば拷問蔵《ごうもんぐら》での拷問も可能だった。

刑が確定すると、叩きの場合は表門の前に莚《むしろ》を敷き、うつぶせの格好で上半身裸にし、手足を押え付けた上で杖をもって叩いた。斬罪の場合は死罪場で執行された。首打役《くびうちやく》は牢屋敷の同心が勤めたが、将軍の刀のためし斬りを本職とする山田浅右衛門《あさえもん》があたることもあった。

牢屋敷に収容された囚人の出入りには表門が使われた。屋敷内で処刑した囚人を外に出す時などは裏

斬刑の仕置き場面（『徳川幕府刑事図譜』）

門が使われている。

身分により収容場所は異なっており、高禄の旗本や高位の僧侶・神官は揚座敷《あがりざしき》、小禄の旗本・御家人・藩士・一般の僧侶・神官は揚屋《あがりや》に収容された。揚座敷は備後表《びんごおもて》の畳敷、揚屋は琉球表の畳敷であり、身分の違いが畳の品質にもあらわれていた。百姓は百姓牢、町人は大牢、無宿は二間牢、女性は女牢に収容された。

牢屋敷では、囚人のなかから在牢期間の長い者を牢名主《ろうなぬし》などの牢内役人に任命し、囚人の取り締まりにあたらせた。蛮社《ばんしゃ》の獄《ごく》で投獄された蘭学者高野《たかの》長英《ちょうえい》も牢名主をつとめたことがある。

囚人が牢内役人に差し出す金銭次第で、牢内での待遇には雲泥の差があった。一〇両が相場であり、それ以上多く持参した者は優遇されたが、少ない者には折檻が加えられた。まさに地獄の沙汰も金次第だった。牢内の生活条件は極めて悪く、吟味中に牢死する者は多かった。

牢内の食事は朝五つ時（午前8時）と夕七つ半時（午後5時）の二食だった。朝夕食ともご飯のほか、大根や茄子の入った汁が出された。入浴は月三度。囚人の月代《さかやき》（額から頭頂部にかけて剃った部分）は、町の髪結が出向いて無料で剃る定めだった。

❖職業訓練所でもあった人足寄場

江戸の町には無宿者がたいへん多かった。無宿とは戸籍にあたる人別帳《にんべつちょう》の記載から削除された農民や町人などの庶民を指すが、貧困や不行跡による勘当が理由で町や村から去ったことで人別帳から外された者たちが大半だ。その後は住所不定となってしまい、正業にもつかない者が多かった。

無宿となると生活や仕事の場を求めて都市に流れる傾向があった。江戸はそんな無宿の数が非常に多い都市であり、無宿が大量に滞留していたが、生活に窮するあまり犯罪に走る者も多かった。そのため、無宿問題とは治安問題でもあり、歴代町奉行の悩みの種となっていた。

そうした現状を打開するため、江戸の治安を町奉行とともに担っていた火付盗賊改の長谷川平蔵が設置を建議したのが、無宿の授産・更生施設として知られる**人足寄場**《にんそくよせば》である。町奉行所に軽微な罪で

◎人足寄場の間取り図（1790）

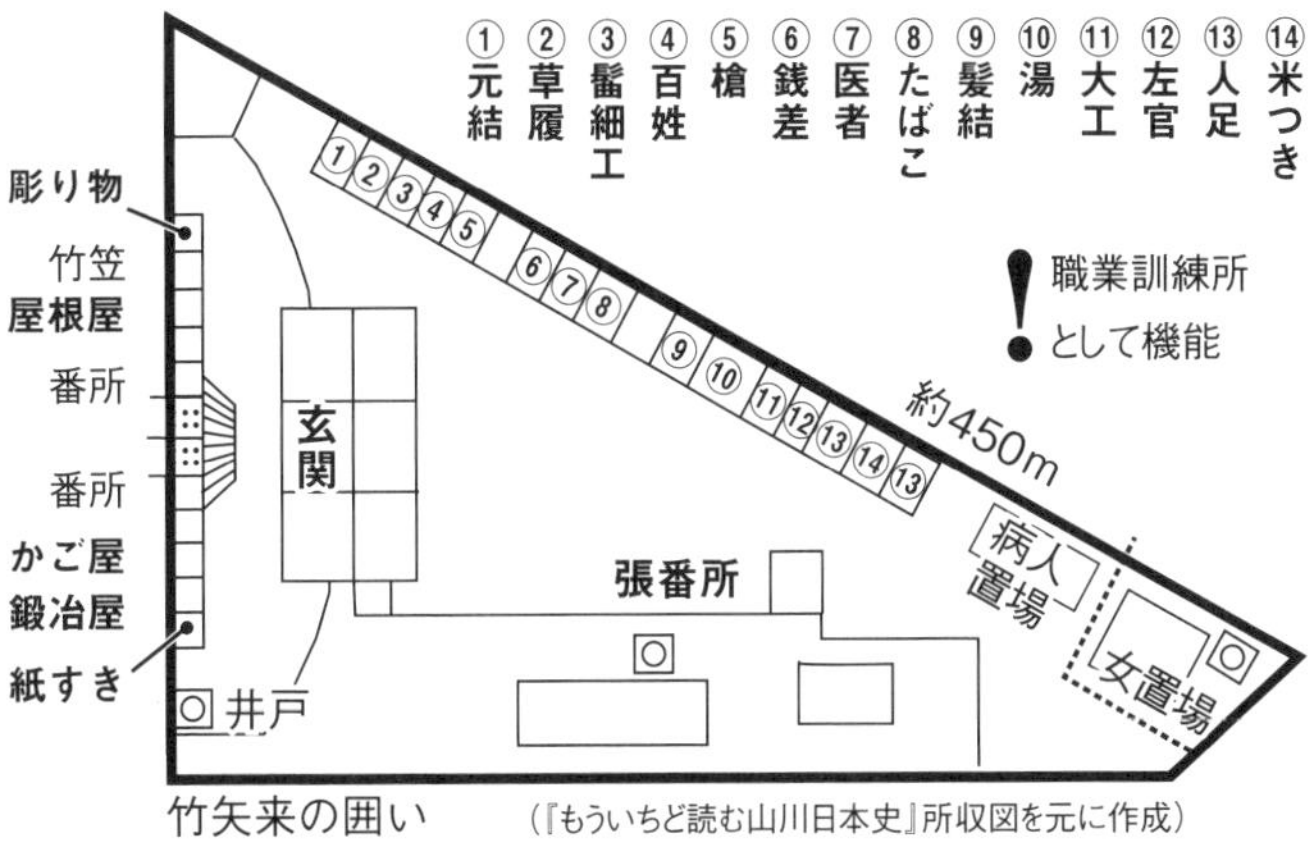

（『もういちど読む山川日本史』所収図を元に作成）

捕えられた無宿者を収容して手に職を付けさせて更生させようという企画だった。時の老中で寛政の改革を進めていた松平定信は平蔵の建議を容れた。

寛政2年（1790）二月、平蔵の尽力により隅田川河口に浮かぶ石川島に人足寄場は完成する。その敷地の規模は一万六〇三〇坪で、そのうち三六〇〇坪余が図のように竹矢来《たけやらい》で囲まれ、無宿が作業に従事する各種小屋が置かれた。間取り図からは、大工・左官・鍛冶屋から髪結・彫り物まで**様々な仕事を学べた**ことがわかる。

作業は午前8時から午後4時まで。食事は米と麦を混ぜたもの。こうした作業により得られた報酬は積み立てられ、出所の際に渡される仕組みだった。これを元手に定職に就かせようとしたのである。

江戸の間取り
13

養生所・医学館

江戸の社会保障施設の光と影

❖無料診療所・小石川養生所

八代将軍徳川吉宗の時代が小説やドラマで取り上げられる際によく登場する幕府の施設に、**小石《こいし》川養生所《かわようじょうしょ》**がある。無料で診療が受けられ入院もできる公的施療施設の走りだったが、町医者の小川笙船《しょうせん》が幕府の目安箱に投書した一通の訴状がすべてのはじまりであった。

享保7年（1722）1月、貧しい上に家族もいないため病気になると窮してしまう独身者たちの惨状を憂いた笙船は、無料で診療が受けられる施薬院の設置を求める訴状を投書した。これを読んだ吉宗は町奉行大岡忠相《おおおかただすけ》たちに施薬院《せやくいん》の設立を指示する。同年12月には、名称が養生所と改称された上で、幕府管轄の小石川御薬園《おやくえん》内に開設された。

◎小石川養生所の間取り図（1835）

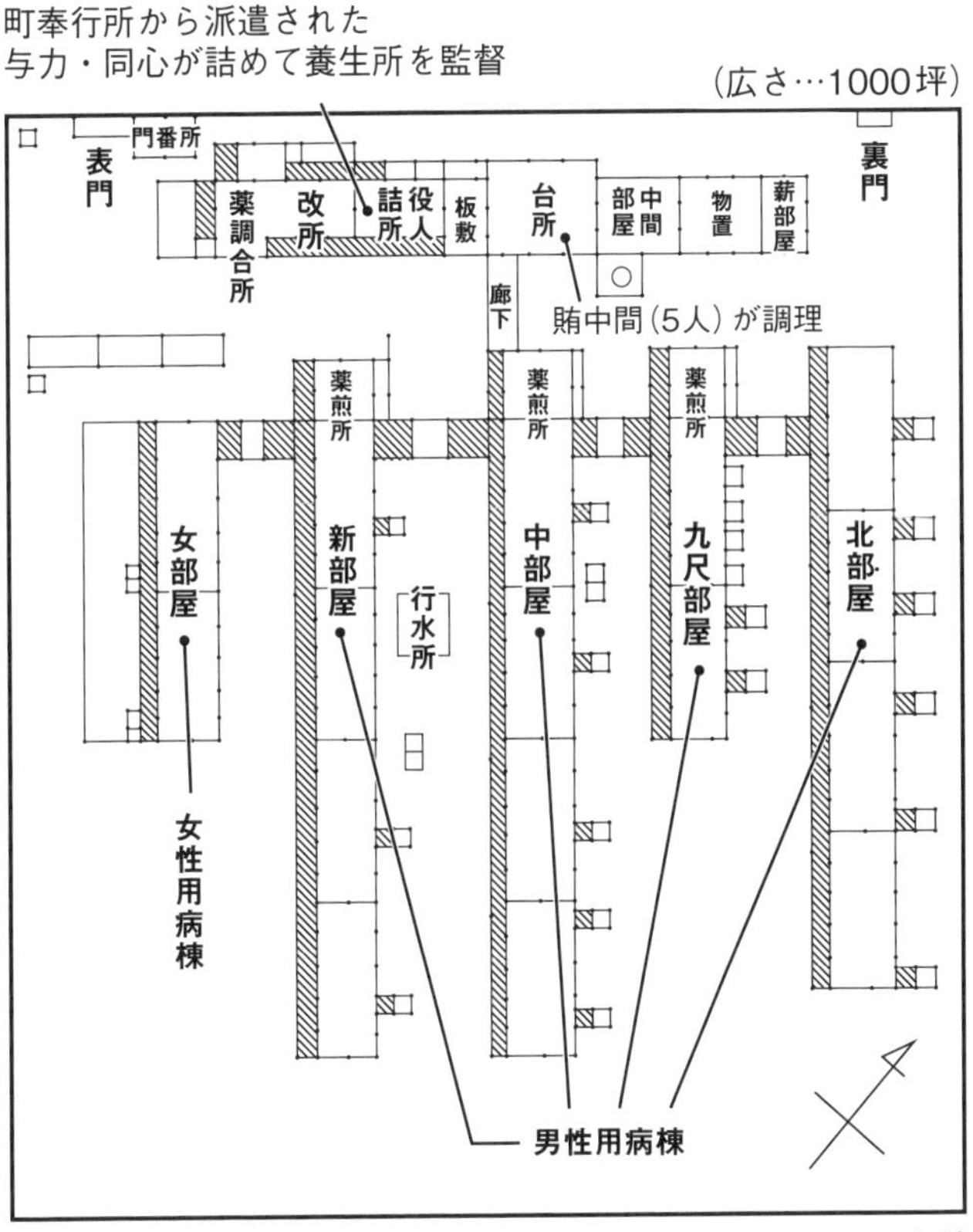

！
看護人の数…看病中間6人、女看病人2人
医師の数…本道（内科）2人、外科2人、眼科1人

（「東京市史稿 救済篇」などを元に作成）

◎入所者を取り巻く環境

・定員…117人（当初は40人だったが次第に増加）

・支給品…夜具・布団・ござ、飯鉢・膳・椀、ちり紙・半紙など
11月～2月までの4か月間は炭も支給、希望者には湯たんぽも配布

・入浴…医師の許可を受けた者は毎月5・15・25日の三度入浴可

・外出…午後4時を門限に月6度、外出が可能

目安箱の意見を入れて施薬院（養生所）設立を指示した将軍徳川吉宗

町奉行所では江戸の町に向けて、貧しさのあまり薬も飲めない病人、独り身のため看病する者がいない病人などの来所を促す。入所者には食事や寝巻なども支給するとしたが、当初希望者は非常に少なかった。無料診療施設としての趣旨が徹底せず、薬園内の薬草の効果を試す施設と悪評などが立っていたからだ。

よって、町奉行所では現地見学会の実施により悪評の払拭に努める一方、入所手続を簡略化するなどの対応を取った。その結果、入所希望者は一転激増する。入所定員は四〇名だったが、とても足りず、翌8年（1723）九月には一〇〇名に増員した。病棟も増設され、五棟となる。享保18年（1733）に、定員は一一七名で固定された。

前ページの図は、天保6年（1835）に修復される前の構内図である。敷地は一〇〇〇坪。北・九尺・中・新部屋が男性用病棟で、女部屋が女性用病棟である。台所は入所者の食事を作る場所で、養生所詰の賄中間（五名）により調理された。入所者の世話をする看護人の看病中間（六名）も詰めていた。女看病人という名の看護人も二名いた。

養生所に詰めた医師は本道（内科）が二名、外科が二名、眼科が一名である。入所期間の上限は八か月だった。町奉行所からは与力・同心が派遣され、図にもある役人詰所に詰め、養生所の医療活動を監督した。

入所者には食事のほか、夜具・布団・莫蓙《ござ》、飯鉢《めしばち》・膳・椀、ちり紙・半紙などが支給された。毎年12月から翌年2月までの四か月間は炭が支給され、寒さをしのがせた。希望者には木綿袷袋で包んだ一升徳利を湯たんぽとして配布した。

医師の許可を受けた者は毎月5・15・25日の三度、入浴できた。暮れ七つ時（午後4時）までに戻ってくるという条件で外出することも月六度許された。これには、退所に備えて体力を付けさせる意図も含まれていた。

このように、江戸の町にも立派な社会保障システムがあったわけだが、時代が下ると問題が発生するようになる。まず、19世紀半ばになると、入所にあたって看病中間から金銭を要求されるようになる。結果、金銭に恵まれた者しか入所できなくなってしまう。

また、薬代は医師が支払うことになっていたのも問題で、医師は投薬をしぶるようになり、満足な治療が行われなくなってしまう。所内における賭博の横行や金貸しなど、治安の悪化も目に余った。時代劇では養生所の医師と患者のむつまじい交流が描かれるが、史実はまったく異なっていたのだ。

❖江戸の大学病院・医学館

江戸の町には養生所のほか、公的施療施設がもう一つあった。奥医師の多紀《たき》氏が館主を勤める**医学館**だ。奥医師とは、幕府に仕える医師のなかでも将軍などの診療も出来た格式の高い医師のことである。

もともと、医学館は医学教育の機関だったが、臨床教育の一環として無料で投薬つまりは診療を実施するようになる。**現代の大学病院のような施設**であった。医学館には館主の多紀氏のもと教諭が約一〇名おり、そのうち三、四名が館内の事務を執った。残りの教諭は、講義を月に六度受け持った。通いで学ぶ生徒のほか、寄宿する生徒が常に三〇～五〇人もいた。

臨床教育については次のとおりである。生徒は病人を診察した上で、意見を述べて処方箋を作成する。最後に教諭が診察し、処方箋を改めて作成した。調剤された薬剤はすべて無料であり、これが施療行為にあたった。

寛政3年（1791）に、医学館は官立となる。それまでは多紀氏の私塾であったが、幕府は医学教育の重要性を踏まえて直轄の医学校としたのである。以後、医学館には幕府に仕える医師の子弟たちが講義を聴講するようになる。

◎医学館の間取り図

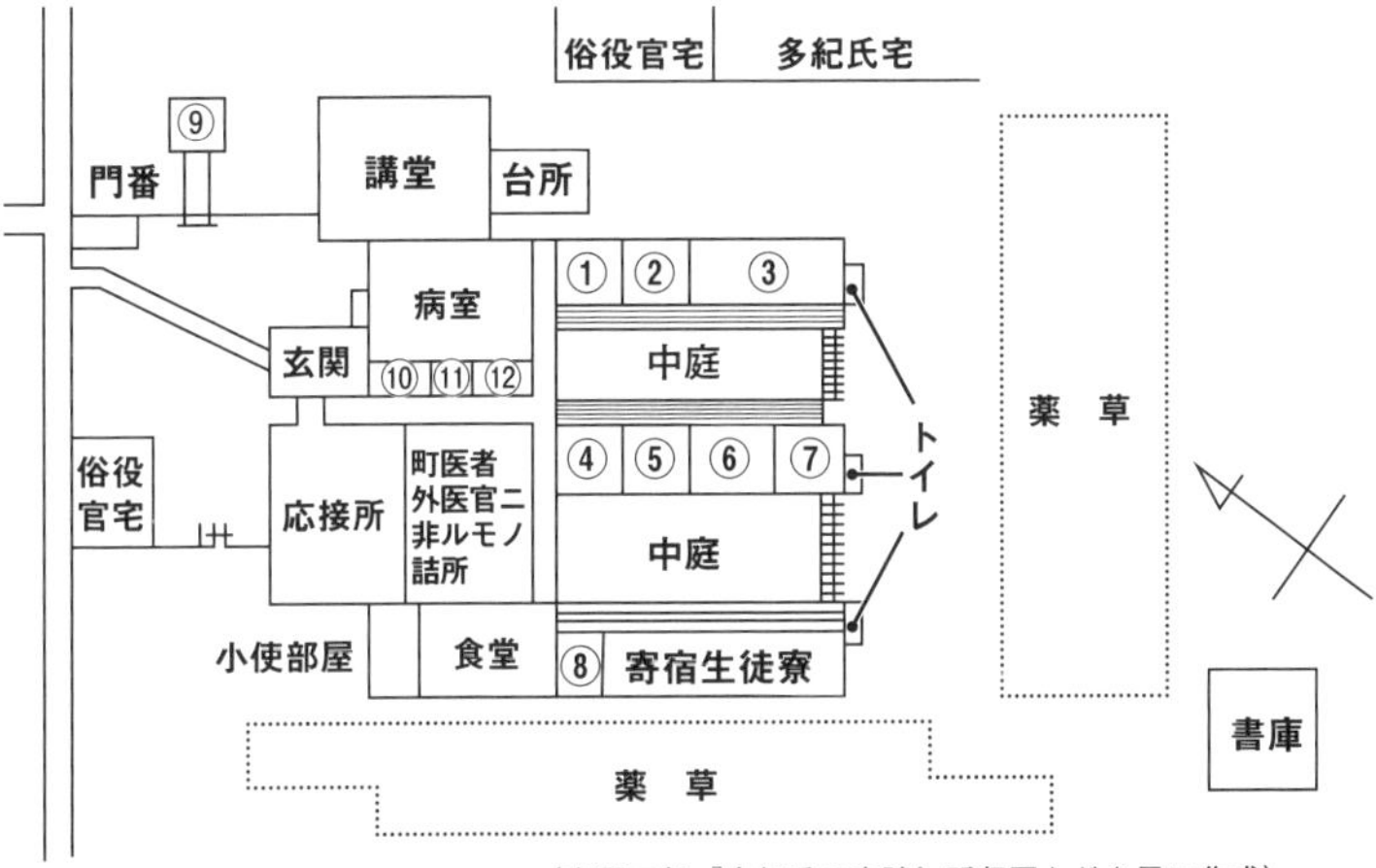

（森潤三郎『多紀氏の事蹟』所収図などを元に作成）

①製薬場　②調剤室　③館主及教諭詰所　④御目見以上寄合医官詰所
⑤寄合医官詰所　⑥書籍掛　⑦役医官　⑧寄宿取締詰所
⑨神農廟（儒教における医薬の神の廟）　⑩湯呑所　⑪中庭　⑫病者診察所

設立当時、医学館は神田佐久間町にあったが、文化3年（1806）に火災で焼失したのを機に向柳原に移転する。神田佐久間町時代、敷地の面積は一五〇〇坪ほどだったが、この時に二〇四〇坪に拡張された。

右図は、移転後の医学館構内図である。講堂と病室が隣り合っている配置からは、同所が臨床教育の実践の場となっていた様子が浮かび上がってくる。「俗役官宅」とは、幕府から監督のために派遣された役人の役宅のことである。

第三章　町人地の間取り

町人地全体図

日本橋には武士相手に商売をする商人が集中。人口増加に伴い、東部の深川や本所が居住地として拡大していく。町の数は1600以上。18世紀には、町人人口は50万人以上に達していた

（『徹底図解 江戸時代』所収図などを元に作成）

町人地の基本

江戸の15％を占める町人地の人口は、江戸中期には五〇万人に達した。享保6年（1721）に町奉行所は町人の人口調査を実施し、五〇万一三九四人という数字を得ている。

一口に江戸の町人地と言っても格差は大きく、町奉行所では経済力に応じて上・中・下の三ランクに分けていた。上の地域は日本橋など大商人が住む地域。中の地域は東海道など人の行き来が激しい主要街道沿い。下の地域は、郊外の農村と近接する場末と呼ばれた地域だ。上の地域ほど地価（沽券金高《こけんきんだか》）が高く、下の地域ほど低かった。

町人は居住形態により、家持《いえもち》・家主《やぬし》・地借《じがり》・店借《たながり》の四つに分けられる。

家持とは土地を所持する地主のことである。家主は家守・大家とも呼ばれ、地主から町屋敷の管理を委託されて地代店賃を徴収する者。地借（借地人）は地代を支払って地主から土地を借り、家屋を自己資金で建てた者。店借（借家人）は店舗や長屋を借りて住む者である。

店借には二種類がある。表通りに面した平屋ないし二階家の店舗（表店《おもてだな》）を借りる「表店借」と、裏通りに面した平屋の長屋（裏店《うらだな》）に住む「裏店借」の二つだが、裏店借にはその日稼ぎの者が多かった。その日暮しを強いられたため生活基盤は不安定であり、表店よりも家賃の低い裏店に住まわざるをえなかったのだ。上より中、中より下の地域ほど、町内での裏店借の占める比率は高かった。

　寛政3年（1791）の数字によると、町奉行所の委託を受ける形で各町を支配する名主の数は江戸全体で二六二人を数えた。町役人とも称された名主は、現在で言うと小さな自治体の首長のような存在である。江戸には二五〇～六〇ほどの役場があって、**名主たちが町奉行による都市行政を支える行政システムが採られていた。**

　支配される側の地主数は一万八八七六人。家主は一万六七二七人。残りの四十数万人は地借・店借だ。地借・店借といっても大半は店借で、それも経済力の乏しい裏店借であった。**名主一人あたり、二〇〇〇人以上の町人を支配**する計算となる。

　名主の上には江戸の町を代表する形で三人の町年寄が置かれ、奉行所との間を仲介していた。軽微な案件は名主レベルで処理し、奉行所に面倒をかけないようにするのがその役目だった。次ページから詳細をみていこう。

◎居住形態に基づく町人の分類（1791）

家持（いえもち）	土地を所有する地主。日本橋の大商人など。1791年の時点では、1万8876人
家主（やぬし）	地主から町屋敷の管理を委託されて地代店賃を徴収。1791年の時点では、1万6727人
地借（じがり）	地主から土地を借り、家屋を自己資本で建てた者。1791年の時点では、店借と合わせて40人万以上
店借（たながり）	土地も家屋も借りていた者。表店借と裏店借の２種類。裏店借の方が環境は悪い分、家賃が安かった

※町の自治は名主を筆頭に家持や家主が担った

江戸の
間取り
14

江戸の町割り

町割りから浮かび上がる居住格差

❖町のかたちの基本

江戸は俗に八百八町《はっぴゃくやちょう》と称されるが、**実際の町の数は一六〇〇町を超えていた**。町の成り立ちにより、その形態は一様でなかったが、日本橋地域など江戸初期に造成された「古町」と呼ばれる町では、京都をモデルに図示したような町割りが実行された。

京間《きょうま》で六〇間（約一二〇メートル）四方の正方形を基準とする町割りのもと、表通りを挟んで向かい合う区画（各々六〇間×二〇間）で一つの町が構成されるのが基本のパターンである。これを両側町と称した。一方、両側町に挟まれる形で向かい合った区画（各々二〇間×二〇間）は横町と称された。

◎江戸の町内の俯瞰図

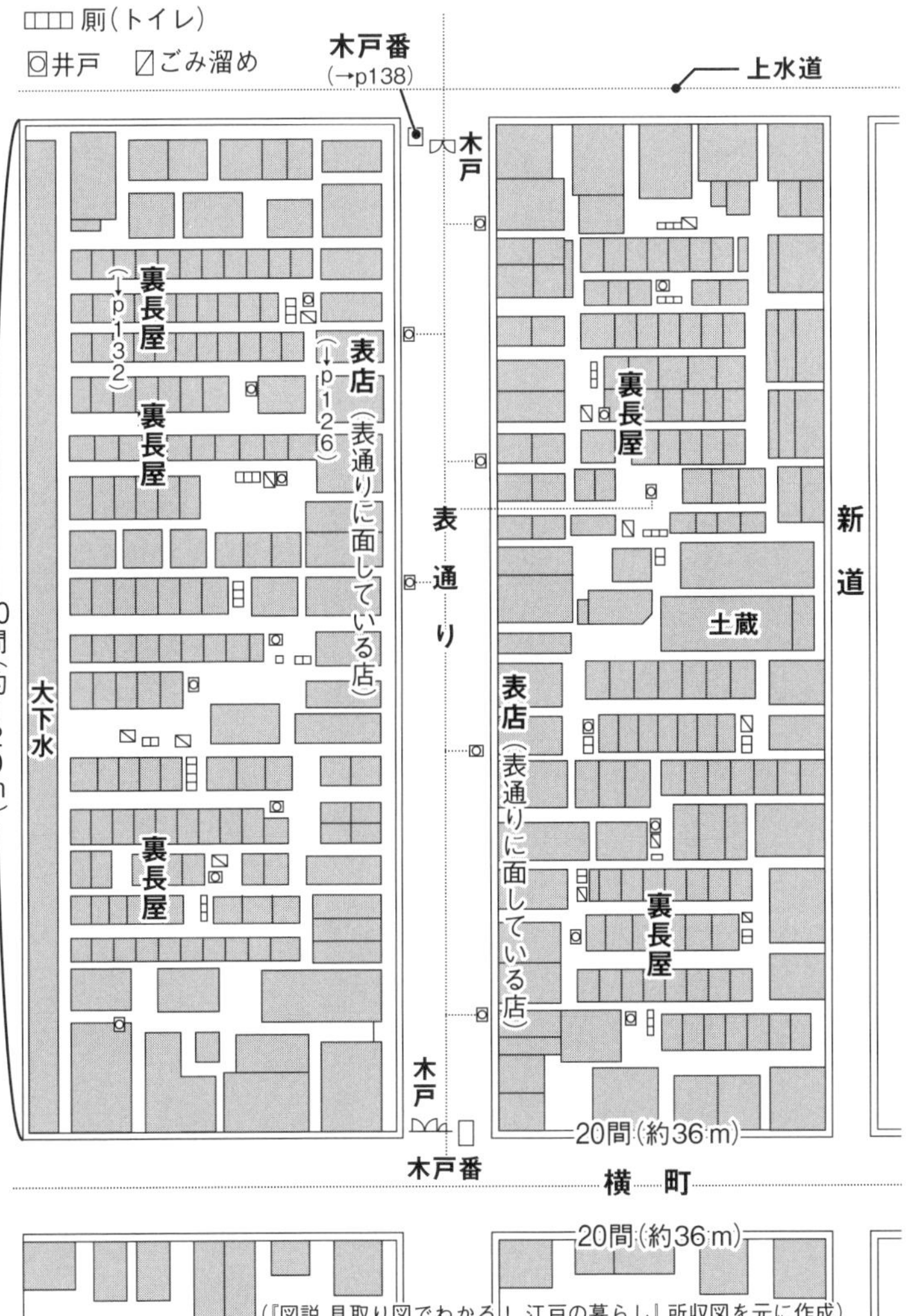

(『図説 見取り図でわかる！ 江戸の暮らし』所収図を元に作成)

両側町の背後の区画（二〇間×二〇間）は、**会所地**《かいしょち》と呼ばれる空き地に指定された。江戸初期、会所地は宅地造成に必要な土を取ったり、あるいはゴミ捨て場や排水地として利用された空間だった。

京間とは、京都を中心に用いられた建築の基準尺度のことである。一間が六尺五寸（約二メートル）の寸法だ。一方、関東を中心に用いられた尺度は田舎間《いなかま》（江戸間ともいう）と呼ばれ、一間が六尺（約一・八メートル）の寸法だった。

町内図も合わせてみてみよう。

両側町や横町の表通りに面した側の土地には、平屋ないし二階家の店舗が建てられた。これを**表**《おもて》**店**《だな》と称した。

江戸の人口増加に伴う宅地需要を受け、両側町と横町の間に新道が通されると、空き地だった会所地も宅地としての開発が進む。宅地が造成されると平屋の長屋が立てられ、借家人が住みはじめる。これは裏店と称された。表通りの店舗（表店）からみると、かつての会所地は裏側にあたることから、長屋は裏長屋あるいは裏店と称されたのである。

❖上水道の整備とゴミの処理

宅地造成と同時並行的にライフラインの整備も進められたが、何と言っても**飲料水の確保**は必須だった。

家康が入った頃の江戸は良質の湧水が数多くみられた町だったが、その後の人口増加に伴う環境汚染を受け、湧水だけでは飲料水や生活用水を賄い切れなくなる。そのため、井戸を掘って飲料水を確保しようとしたが、日本橋をはじめ海を埋め立てることで宅地が造成された地域では、井戸を掘っても飲料に適した水を得ることは難しかった。塩気が強かったのである。

神田上水の水源井の頭池（歌川広重「名所江戸百景　井の頭の池弁天の社」）

こうして、**神田上水**と**玉川上水**に代表される上水道が引かれることになる。井の頭池を水源とする神田上水は途中、善福寺川や妙正寺《みょうしょうじ》川の水も合わせて水量を増やしながら江戸市中へと向かい、神田地域など江戸の北部に給水した。

玉川庄右衛門・清右衛門兄弟を請負人として開削された玉川上水は、

現在の新宿御苑近くの玉川上水（歌川広重「名所江戸百景　玉川堤の花」）

多摩川沿いの羽村を取水源としていた。武蔵野台地を横断する形で送られ、市中の南部に給水された。

両上水とも、取水点からしばらくの間は開渠《かいきょ》（蓋などに覆われていない水路）だった。河川のような水路であったが、江戸市中に入ると、地中に埋められた木造の水道管を介して配水された。

この水道管は樋《とい》と呼ばれるが、町内には井戸の役割を担った枡が埋設されており、木樋《もくひ》により給水された水が溜められる仕組みになっていた。枡の底につるべを落とし、桶に水を汲み取って日々利用したのである。

暮らしていくには上水などのライフラインはもちろん、日々排出されるゴミの処理も必須である。当初ゴミは会所地に投棄されたが、宅地化に伴い、捨てる場所に難渋するようになる。そのため、堀や川、あるいは下水にゴミを捨てる行為が跡を絶たなかった。

明暦元年（１６５５）、町奉行所は川などへのゴミの不法投棄を禁じる一方で、ゴミ捨て場として永代浦を指定した。永代浦は隅田川河口にあった永代島の地先にあたり、当時は葦や萱の茂る湿地が残る浦だった。なお、各町が永代浦まで運んだのではない。幕府の委託を受けた収集業者が船で運ぶことになっていた。

こうして、町内にはゴミを溜める場所が設けられたが、永代浦まで運ぶ船に積み込むまでの間、各町から集められたゴミを集積しておく場所も設置される。これを「大芥溜《おおあくただめ》」と称した。

永代浦まで運ばれたゴミは再利用できるものが運送業者により回収された後、埋め立てに使われた。永代島近辺は埋立地つまり農地として生まれ変わるが、永代島近辺の埋め立てが終わると、今度は深川の越中島にゴミ捨て場が移され、埋め立てが繰り返されるのであった。

❖共用スペース設置の利点と欠点

通りに面した一戸建ての表店に住む者とは対照的に、裏店住まいの者の生活空間はたいへん狭かった。九尺二間の裏長屋住まいを強いられたことで、居住空間はわずか五坪に過ぎなかったからである。

そのため、長屋内に水を汲む井戸や厠、あるいは風呂を備え付けるスペースなどはまったくなく、

◎表店と裏長屋の俯瞰図

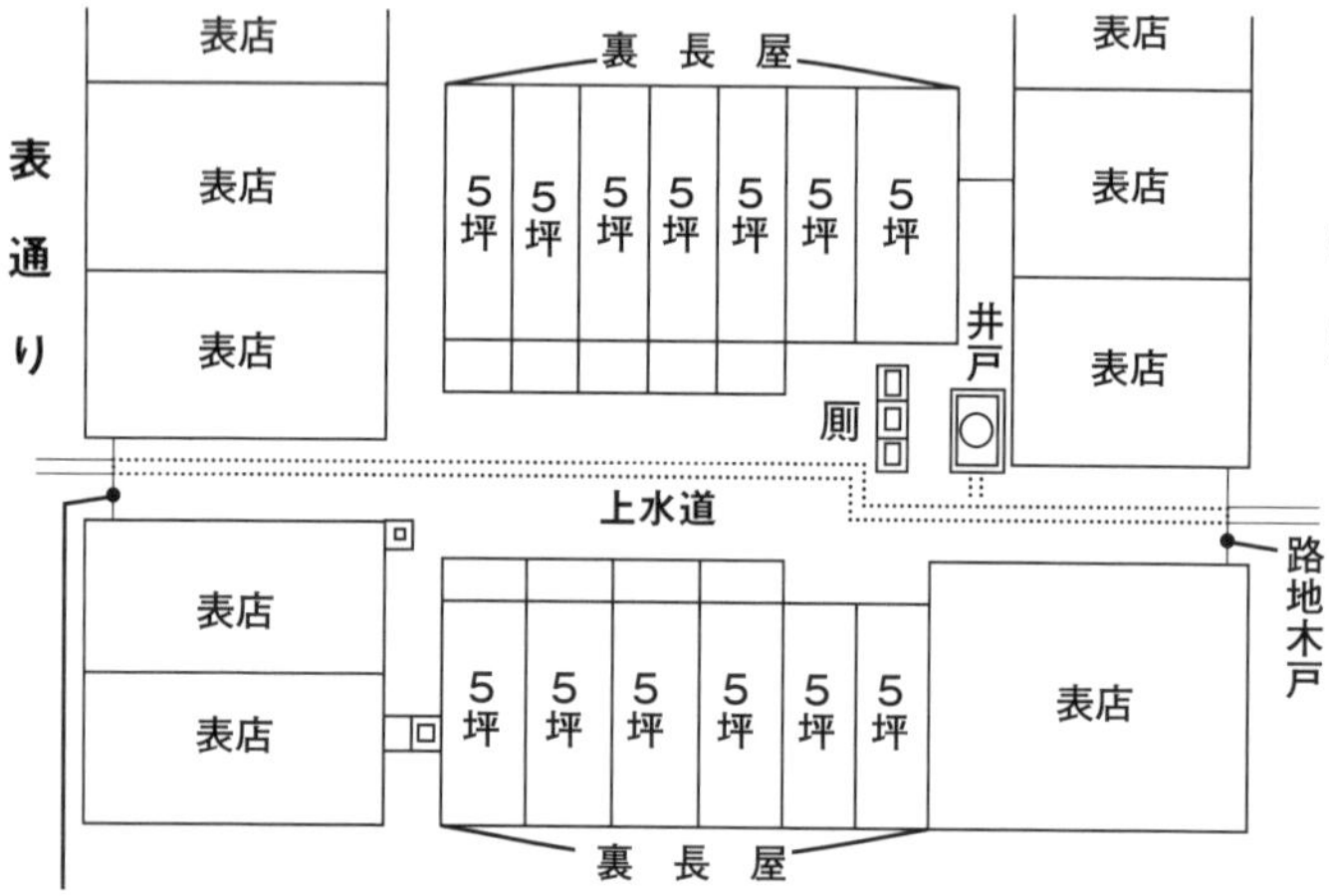

路地木戸…表通りと路地の間にある木戸。夜10時になると閉める

（『図説 見取り図でわかる！ 江戸の暮らし』所収図を元に作成）

図示したように井戸などの共用スペースは外に設けざるを得なかった。裏長屋の住人たちは狭い我が家を出て井戸や厠を共用したが、そうした事情は洗い物をする場合も同じだった。洗濯物を干す場所も長屋の外で共用していた。

水を汲んだり洗い物をしたり、あるいは洗濯物を干すたびに、裏店住まいの者は長屋の外に出て井戸などの共用スペースに向かうことになる。いきおい隣近所と顔を合わせる機会が増えていく。

時代劇でもよく描かれるように、井戸端会議を地で行く光景が繰り広げられたのだ。その結果、住人たちのコミュニケーションはたいへん密度の濃いものとなった。

裏長屋の生活。飲料水、トイレ、洗濯物を干す場所など、多くの空間を長屋の住民が共有した（「絵本時世粧」国会図書館所蔵）

言い換えると、お互い助け合って生活することで、貧しくても何とか暮らしていけた。江戸は一人暮らしの者が多く、病気の時は看病する者もいなかったが、こうした相互扶助が機能することで暮らしていけたわけである。

しかし、裏長屋での暮らしには衛生上看過できない問題があった。共用スペースが狭かったことで、井戸と厠が近接する位置に置かれてしまったからである。コレラなどの伝染病が発生した時、どうしても蔓延しやすかった。幕末に欧米からやってきたコレラが大流行したのは、こうした住居事情が影響していたのである。

江戸の間取り15

表店

間取りからわかる商品を守るための工夫

❖日本橋の大店

表店住《おもてだな》まいと裏店住《うらだな》まいの違いは、一言で言うと経済力の差である。経済力のある町人は家をまるまる一軒借りられる家賃が支払えたが、その日暮らしの町人は集合住宅である裏長屋に住んだ。そのぶん、家賃が安かったのは言うまでもない。

ただし、表店住まいと言っても店借の者とは限らない。地主で店舗を持つ者もいたからだ。あるいは、地主から土地を借りて自己資金で店舗を建てる者もいた。地借《じがり》である。

地主として店を構えるのは商人が大半だが、大店《おおだな》と呼ばれた大商人の事例をみていこう。大店の場合は、江戸で土地を所有して地主となることで商業上の信用や担保を獲得できるメリットがあっ

◎三井越後屋江戸本店の間取り図

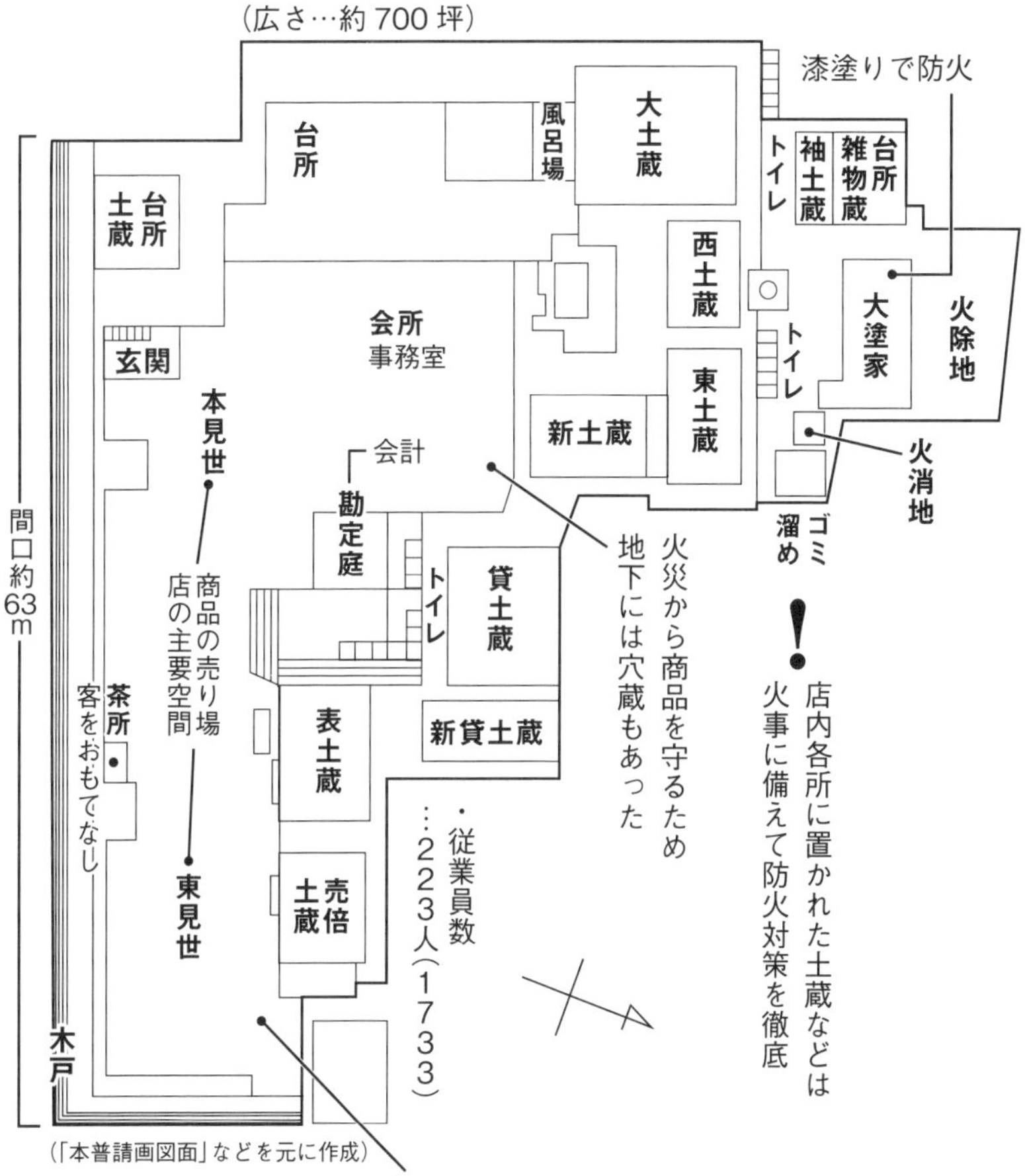
2階には上客おもてなし用の部屋も

た。大口の商取引や大金を借りる際の信用の裏付けとなるのだ。地価の高い土地を持つほど、信用が高まる仕組みだった。

大店の代表格である呉服商の**三井越後屋**（伊勢松坂出身）は日本橋の駿河町に店を構えていた。**日本橋は「土一升、金一升」と称され、江戸随一の地価の高さを誇った場所**だ。

当初、三井家の江戸店は同じ日本橋の本町に置かれたが、天和3年（1683）に駿河町へ移転し、経営規模を拡大させる。現在の三越日本橋本店の前身だ。後には金融業にも手を広げ、同町で両替商を営む。こちらは三井住友銀行の前身である。

そんな三井越後屋の江戸本店の間取り図をみると、間口は三五間（約六三メートル）もの広さがあった。本町時代の間口が九尺（約二・七メートル）であったのに比べると、移転の際に本店を大拡張したことは一目瞭然だ。天保3年（1832）段階の数字では、建坪も約七〇〇坪（約二三一〇平方メートル）に達している。

そんな巨大店舗のメインは、通りに面して広がる**「本見世《ほんみせ》」「東見世」**と呼ばれた売り場だった。呉服を求めて来店した客は本見世側に置かれた玄関から店内に入り、売り場に上がって店員と商談に及んだ。

越後屋が江戸有数の大店に成長した理由はその商法に求められる。得意先を廻って注文を取っ

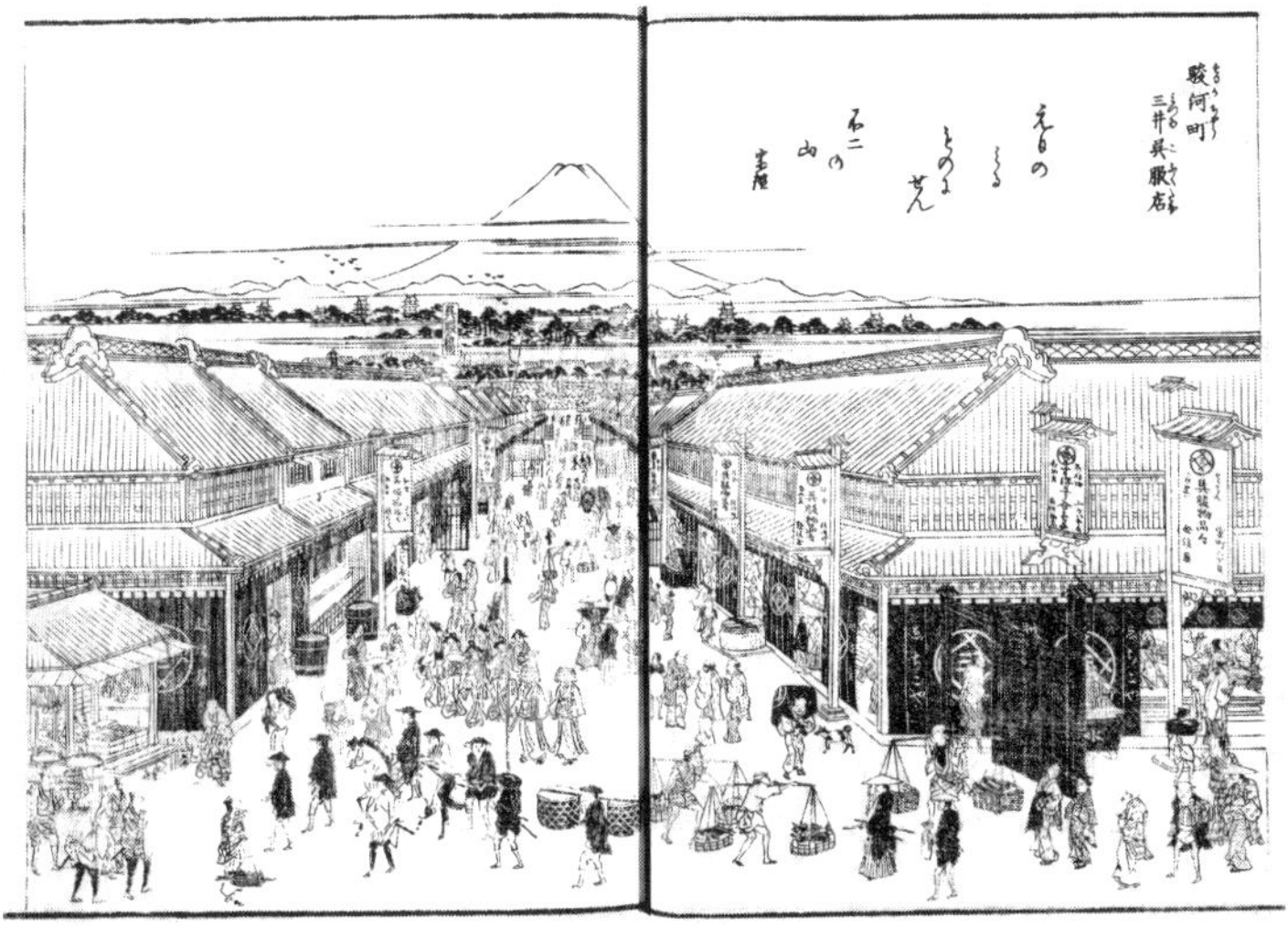

越後屋周辺の絵図。大商人は土地を持つことで商業上の信用を得られるメリットがあった（『江戸名所図会』国会図書館所蔵）

たり訪問販売したのではなく、即金での店頭販売を積極的に展開したのだ。「店前《たなさき》売り」「現銀（金）掛値なし」と呼ばれた商法だ。一反以下で反物を切り売りしたり、即座に仕立てて渡すという「切り売り」「仕立て売り」も需要の掘り起こしにつながる商法だった。

図をみると、土蔵が幾つもある。土蔵には商品が収納され、客の注文に応じて出している。見世の奥には、会計にあたる「勘定庭」や事務室にあたる「会所」もあった。

東見世の一角には「茶所」が置かれている。来店した客にお茶などをサービスする場所だ。二階には上客用の部屋などもあった。そんなサービスの充実も越後屋が急成長を遂げた要因である。

巨大店舗だけあって、奉公人の数も多かった。本町に出店した時はわずか九人だったが、駿河町に本店を移転して経営・営業規模が拡大するのに伴い急増していく。元禄3年（1690）には八一人、享保18年（1733）には二二三人まで増えた。

❖防火建築と穴蔵

江戸本店の間取り図からは、**火事への備えが手厚かった**こともわかる。商人の場合、仕入れた商品を店内に置かざるを得ないが、現金化する前に火事で失えば元も子もない。よって、越後屋に限らず、商人は防火建築にたいへん力を入れた。

よく知られているように、木造建築が密集していた江戸は火事が多発した都市である。そのため、江戸町奉行所は各町に対し、防火建築を導入するよう繰り返し行政指導を行っている。

例えば、風に吹かれて火の粉が飛来し、屋根から延焼してしまうことを踏まえ、屋根を木の板ではなく瓦葺きにすることを求めた。部分的に防火建築にしようという試みだが、土や漆喰で木造の建物の外側を塗り込める塗屋造りや、壁を厚くして窓や出入口にも防火の備えをした土蔵造りも奨励する。

店内にいくつも置かれた土蔵は防火建築だったわけだが、店舗の奥をみると「大塗家」がある。これは塗屋造りの建物のことであった。

防火への備えとしては、地下室である穴蔵も挙げられる。火事の際、商品を運び込んで難を避けたのだ。図には描かれていないが、越後屋の江戸本店にも穴蔵があった。

高さ約二メートルで、間口・奥行が三・六メートル四方という巨大な穴蔵だった。そんな穴蔵を店舗内に何ケ所も設置したのである。その規模は裏長屋の一室よりも大きかった。

江戸の間取り16

裏長屋

火事の町だからこその簡易的住居

❖生活空間は四畳半

落語の舞台になることも多い裏店は俗に**「九尺二間の裏長屋」**と称される。間口は九尺（約二・七メートル）、奥行が二間（約三・六メートル）だったからである。

その間取りを覗いてみよう。

裏長屋での生活空間は六畳に過ぎなかったが、実際はもっと狭い。そのうち土間が一畳半を占めるため、**実質的な生活空間つまり居間は残り四畳半にとどまる**。

一人でも狭い空間だが、妻子が同居する場合もあった。現代の感覚からすると窮屈さは否めないが、裏店住まいの者にとってはごく当たり前の住環境だった。

◎裏長屋の間取り図

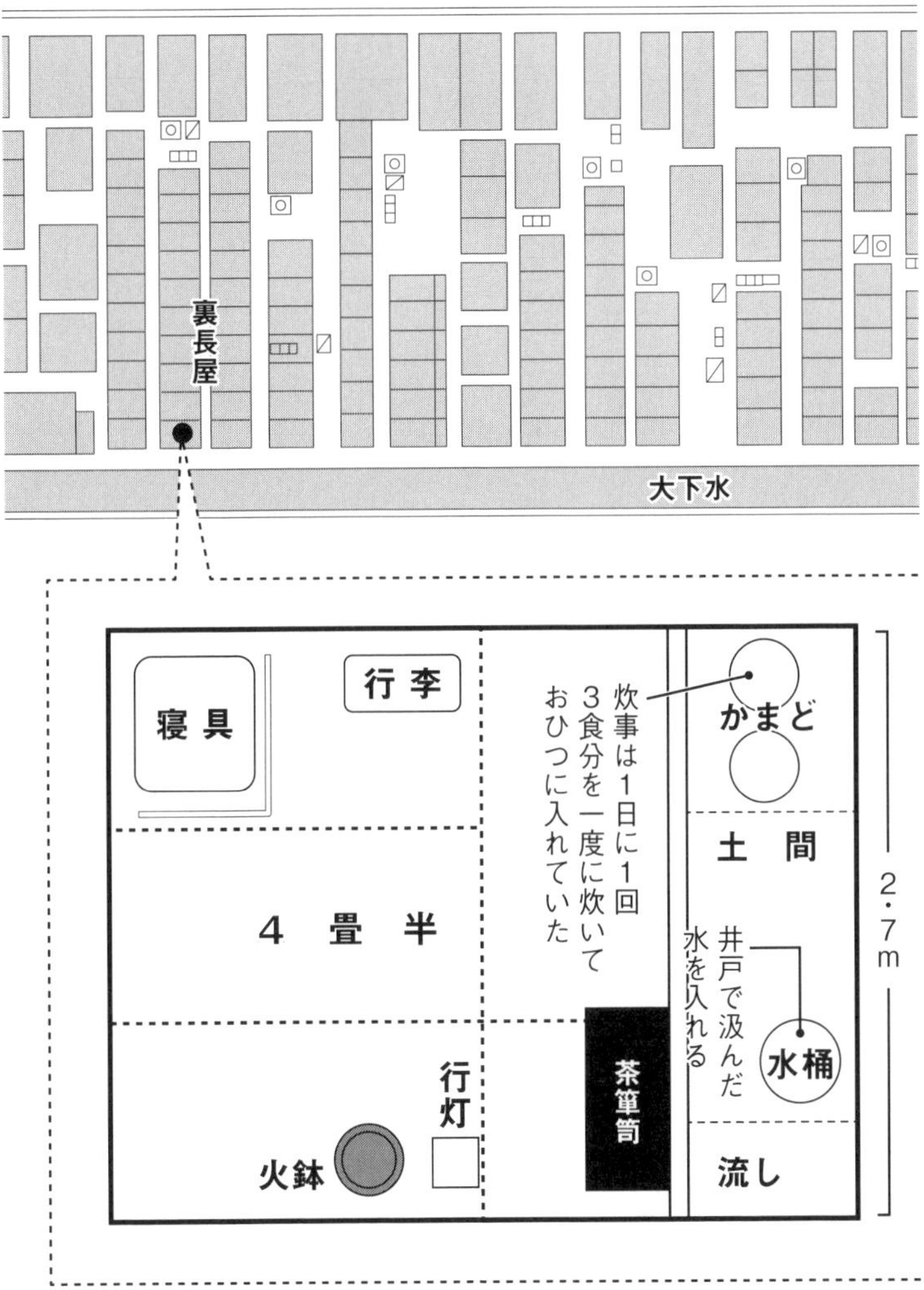
裏長屋
大下水
寝具
行李
炊事は1日に1回
3食分を一度に炊いて
おひつに入れていた
かまど
土間
4畳半
井戸で汲んだ
水を入れる
水桶
2・7m
行灯
火鉢
茶箪笥
流し

土間には、流しと竈《かまど》が置かれた。これが台所である。共用スペースにあった井戸で汲んだ水を運ぶ水桶、水を溜めておく水瓶《みずがめ》も置かれた。水は柄杓《ひしゃく》ですくって飲んだり、洗い物や調理などに使用した。

竈の上には炊飯用の釜や煮炊き用の鍋が置かれたが、**炊事は一日に一回**だった。炊飯となると火をおこすだけで一仕事である上、薪などの燃料費も掛かるからだ。そのため、三食分を一度に炊き、おひつに入れて置くのである。

朝に米を炊いて味噌汁と一緒に食べた後、昼はおひつの冷や飯で済ませ、野菜や魚を添えた。夕食も冷や飯を茶漬けにして、香《こう》の物《もの》（漬け物）を添えるだけの粗食だった。**江戸は独身者の男性が多い町であったことから外食産業が非常に発展した。**それも追い風となり、炊飯は朝だけで済ませることができたわけだ。

物を置くスペースが限られていたことから、食事用の箸や茶碗は箱の中に入れていた。食事の時は、箸や茶碗を出した上で箱をひっくり返し、御膳として使用するのである。これは箱膳《はこぜん》と呼ばれ、食事の時以外は部屋の片隅に置かれた。

居間の規模は四畳半だったが、夜になると布団などが敷かれて寝室に変わった。朝には布団が板の間の片隅に片づけられて居間に戻った。寝室兼用の居間であったが、布団は見えないよう屛風で覆い隠す工夫が施されている。これを枕屏風《まくらびょうぶ》と呼んだ。

現代の蛍光灯にあたる行燈《あんどん》、暖房器具にもなった火鉢、あるいは鏡台なども生活必需品だったが、スペースの関係もあってレンタルで済ませることも多かった。必要な時だけ借りたのである。

「江戸っ子は宵越《よいご》しの銭は持たぬ」という諺《ことわざ》がある。火事に遭うと一夜で家財一切を失い兼ねない江戸の生活環境から生まれた諺だが、そんな生活環境はモノを買わずに借りて済ませようという傾向に拍車をかけた。

その結果、衣類や布団などの生活用品を貸し、その損ずる代償として損料《そんりょう》（レンタル料）を受け取る損料屋というビジネスが繁昌する。江戸の**レンタル産業の主たる顧客は長屋住まいの住人だった**のである。

炊事の様子。燃料費を節約するため、朝に三食分を一度に炊き、おひつに入れておいた（喜多川歌麿「台所」（台所美人揃とも））

◎割長屋と棟割長屋の違い

割長屋

出入り口が２ケ所。両隣りに部屋があった。棟割長屋よりが彩光・風通し面で快適

家賃…月800〜1000文（2万円強）

棟割長屋

入口が１ケ所。棟で中央を仕切る構造のため、両隣だけでなく背中合せにも部屋があった

家賃…月500文（１万円強）

※共に1両10万円で計算

❖裏長屋の造りが簡素な理由

裏長屋にも二種類があった。割長屋《わりながや》と棟割長《むねわりなが》屋《や》の二つだ。

割長屋の各部屋は両隣りの部屋と壁で隔てられているものの、入口と奥からは自由に出入りできる構造になっていた。一方、棟割長屋は棟のところで壁で仕切られ、背中合わせに部屋が造られた格好の長屋だった。両隣りだけでなく背中合わせの形でも部屋があり、出入りできたのは入口のみである。よって、風通しや採光の面で言えば、棟割長屋の方が割長屋よりも生活環境が悪かった。

仕切られた部屋の内部構造は割長屋も棟割長屋も同じだが、家賃が違った。そんな住居環境

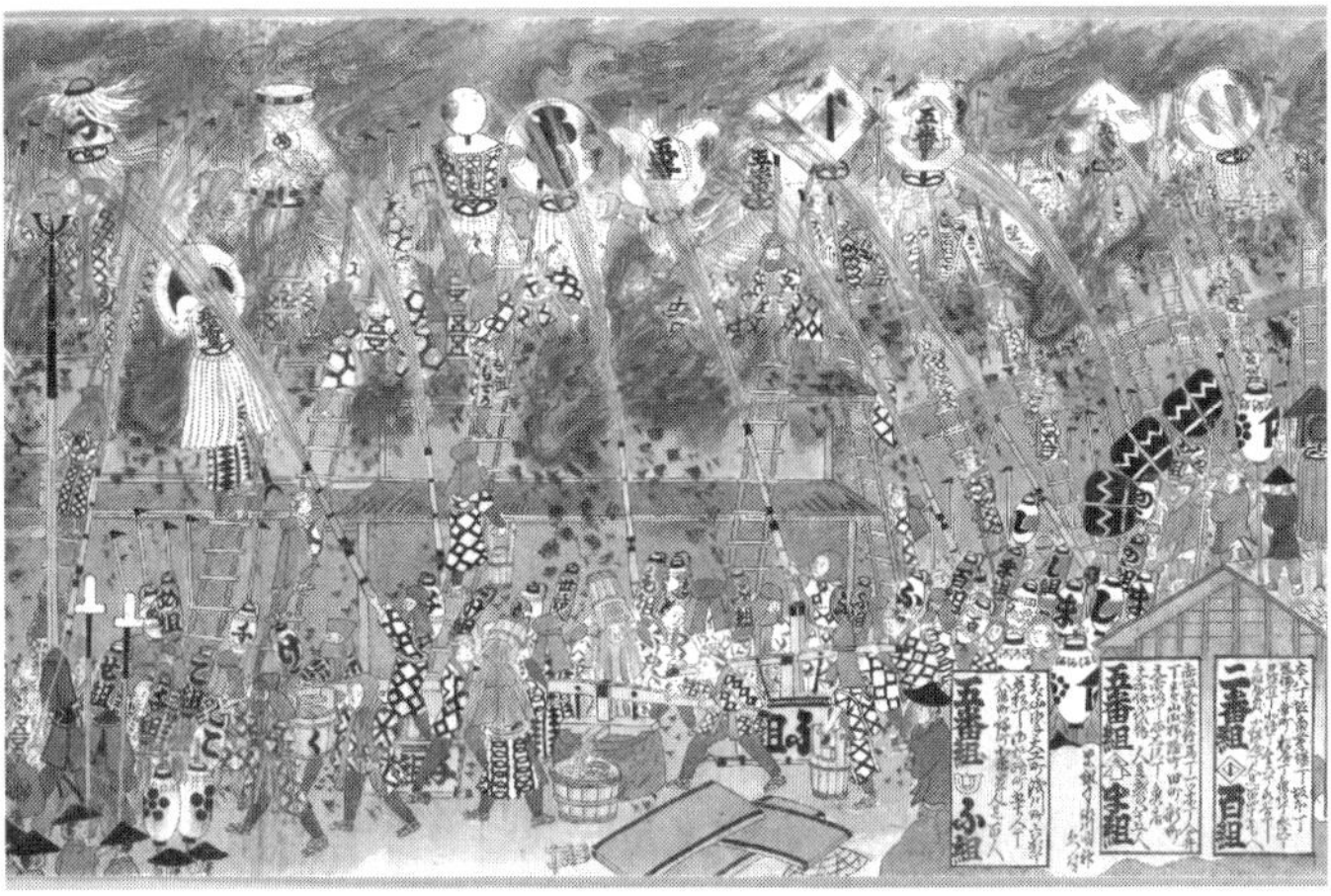

火消による消火活動の様子。使える水が限られており、周囲の建物を壊して延焼を防ぐことが多かった（『鎮火安心図巻』（部分）国会図書館所蔵）

の差が家賃に反映されていた。割長屋の家賃は月額八〇〇〜一〇〇〇文であったのに対し、棟割長屋の家賃は約半分の五〇〇文だった。現在の貨幣価値に換算して一両（四貫文＝四〇〇〇文）が一〇万円とすると、**割長屋の家賃は二万円強、棟割長屋は一万円強**となる。

割長屋にせよ棟割長屋にせよ、プレハブ住宅のような画一化された簡素な造りだった。つまりは、建設費ができるだけ安く抑えられていたが、**江戸が火事の多い町だったことが背景にあった**。

焼失の危険性に絶えず晒されていたことから、建築費を掛けても無駄となる可能性が高い。簡素な造りとしたのは、そんなリスクを念頭に置いたからなのである。

江戸の間取り
17

町の公共施設

町の行政・治安維持を担った人々の実態

❖町の治安維持にあたった木戸番屋

江戸の治安を預かっていたのは町奉行所だが、その吏員《りいん》の数は与力・同心合わせても三〇〇人に満たなかった。この陣容で、五〇万人を超える江戸の町人の安心・安全を守ることなど到底無理であった。よって、町奉行所では日々の行政事務だけでなく、治安業務もできるだけ名主側に委託している。各町は**木戸番屋**《きどばんや》や**自身番屋**《じしんばんや》を設置し、町奉行所による治安維持の末端を担った。両番屋の間取りをみてみよう。

木戸番屋は、町の境ごとに設置された木戸の脇に置かれた建物である。そこに詰める番人を木戸番と称した。

◎木戸番・自身番の間取り図

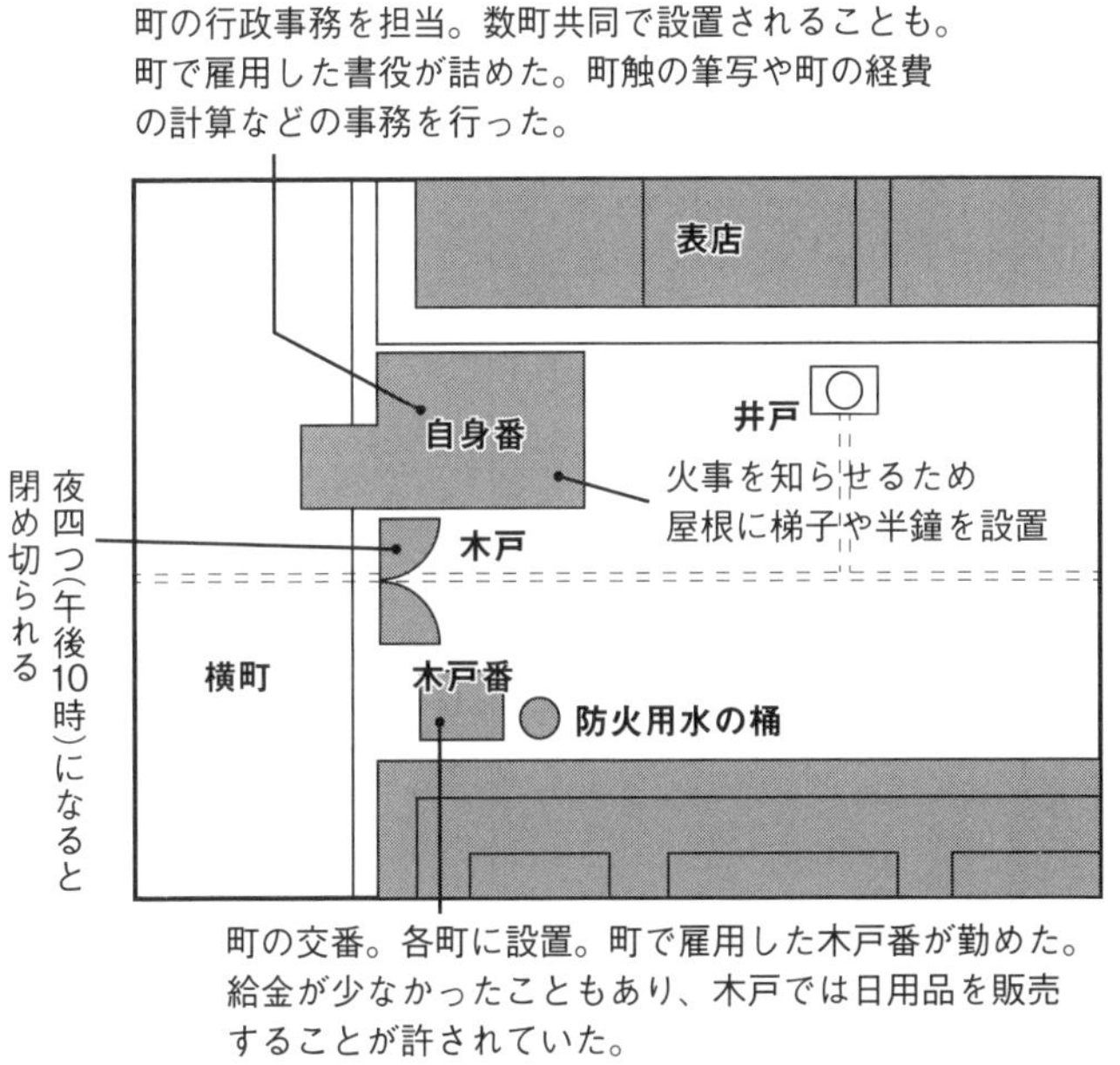
町の行政事務を担当。数町共同で設置されることも。
町で雇用した書役が詰めた。町触の筆写や町の経費
の計算などの事務を行った。
表店
井戸
自身番
火事を知らせるため
屋根に梯子や半鐘を設置
夜四つ(午後10時)になると
閉め切られる
木戸
横町
木戸番
防火用水の桶
町の交番。各町に設置。町で雇用した木戸番が勤めた。
給金が少なかったこともあり、木戸では日用品を販売
することが許されていた。

（『歴史人別冊 江戸の暮らし大全』所収図を元に作成）

◎自身番拡大図

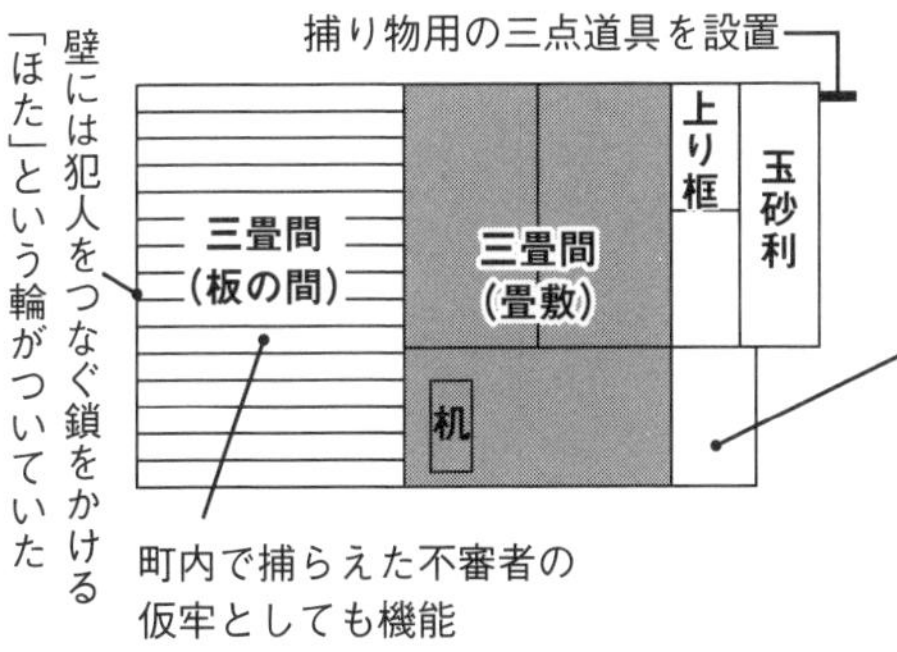
捕り物用の三点道具を設置
壁には犯人をつなぐ鎖をかける
「ほた」という輪がついていた
三畳間
(板の間)
三畳間
(畳敷)
上り框
玉砂利
机
町内で捕らえた不審者の
仮牢としても機能

消火道具を設置

・纏（まとい）…旗。各町が趣向を凝らした
・鳶口（とびぐち）…先端に鳶の口のような鉄の鉤をつけた棒。約1・5m
・竜吐水（りゅうどすい）…木製のポンプ式放水具。

通常、木戸は夜四つ（午後10時）になると閉め切られるのが決まりだった。夜陰に紛れ、放火犯や盗賊の類が入り込むのを防ぐためである。

木戸が閉められた後は町内限りの往来となるが、止むを得ない事情で町境を通行する場合は木戸に付けられた潜《くぐ》り戸から通した。その際、木戸番は拍子木を打って、町内や他町の木戸番に通行人の往来を知らせた。

木戸番は町が雇用した警備員であり、その給金である番銭は町が負担したが、木戸番は番銭だけでは暮らしていけなかったのが実状だった。そのため、副業として草履や蝋燭《ろうそく》、駄菓子などの日用品を売ることが認められた。町内に日用雑貨品を売る店があるとは限らなかったため、**木戸番屋はコンビニのような役割も果たしていた**。

朝鮮通信使や琉球使節の来朝、あるいは将軍やその親族の葬儀の時は木戸番のみならず、町を預かる名主も警備のため木戸に詰めることが義務付けられた。なお、木戸がない場合は代わりに竹矢来を設ける決まりであった。

❖町の事務所だった自身番屋

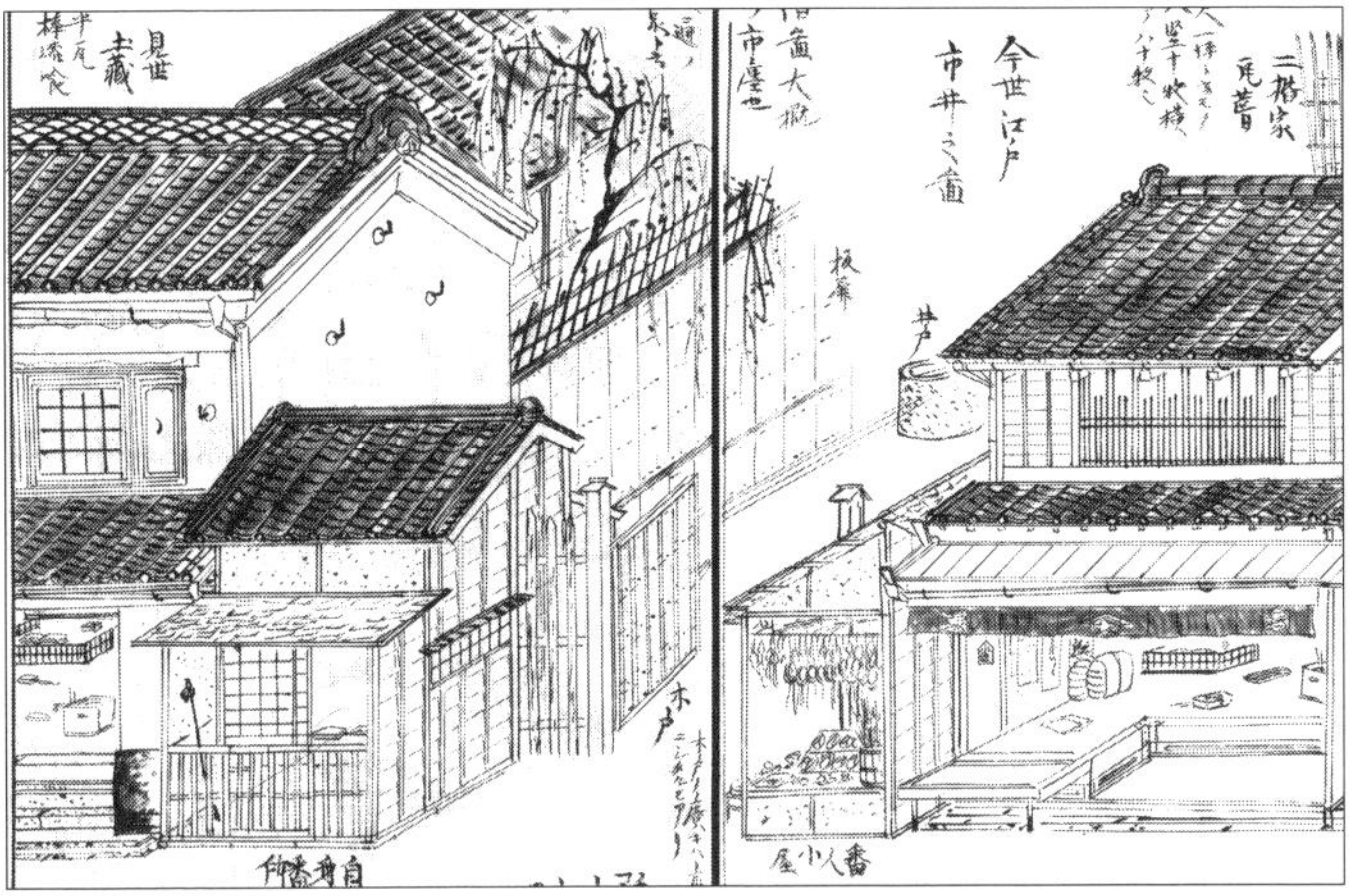

自身番の外観。左方が番所、右方が番人小屋（『守貞謾稿』国会図書館所蔵）

木戸番屋のほか、各町には町の事務所とも言うべき自身番屋が置かれた。木戸番屋とともに木戸の脇に設置されることが多かったが、各町ごとに置かれるとは限らず、数か町共同で設置される事例も少なくない。番屋設置に伴う費用そして運営費が重い負担になっていたからだ。

同じ公共施設の木戸番屋が交番のような役割を果たしたのに対し、**自身番屋は行政事務を執る役場**だった。町で雇用した書役が詰め、町奉行所から触れ出された町触の筆写や町の経費である町入用の計算などの事務を図示したような畳敷きの三畳間で執った。

文政12年（1829）に町奉行所が定めたところによれば、自身番屋の規模は梁間《はりま》が九尺（約二・七メートル）、桁行《けたゆき》が二間半（約四・五メートル）、軒の高さが一丈参尺（約三・九メートル）であった。

自身番屋に詰める番人である自身番は、当初各町の地主（家持）自身が交代で勤めたが、負担の重さに耐えられなくなる。そのため、地主から長屋の管理を任せられた家守がその役割を担った。ただし、強風の時は火消人足《ひけしにんそく》とともに地主も詰め、町内で出火の際、火が燃え広がらないよう努めた。

自身番屋は書役が詰めて町内の事務を執る一方、**町内で捕えた不審者を留め置く場所**でもあった。番屋内に造った仮牢に収容し、出張ってきた奉行所の役人に引き渡した。腰高障子で仕切られた三畳の板の間の空間が仮牢だった。

入口には、三つ道具と呼ばれた刺又《さすまた》、袖搦《そでがらみ》、突棒《つくぼう》が掲げられていた。町奉行所が容疑者を捕縛する際に使用する捕り物用の道具であり、番屋が奉行所の末端機構としての役割を果たしていることが一見して分かるようになっていた。

自身番屋は防火の拠点としての役割も課せられ、火の見梯子が屋根の上に建てられた。梯子に上って火事の様子を望見し、半鐘を鳴らして町内に火事が起きたことを知らせるのである。

左図のように、火消人足が持つ纏《まとい》や鳶口《とびぐち》などの消防道具も常備されていた。出火の際には火消人足が一同自身番屋に集合し、火事場に向かった。

自身番屋でも木戸番屋と同じく、副業として草履や蝋燭、駄菓子などの日用品を番屋で売ること

◎捕り物三つ道具

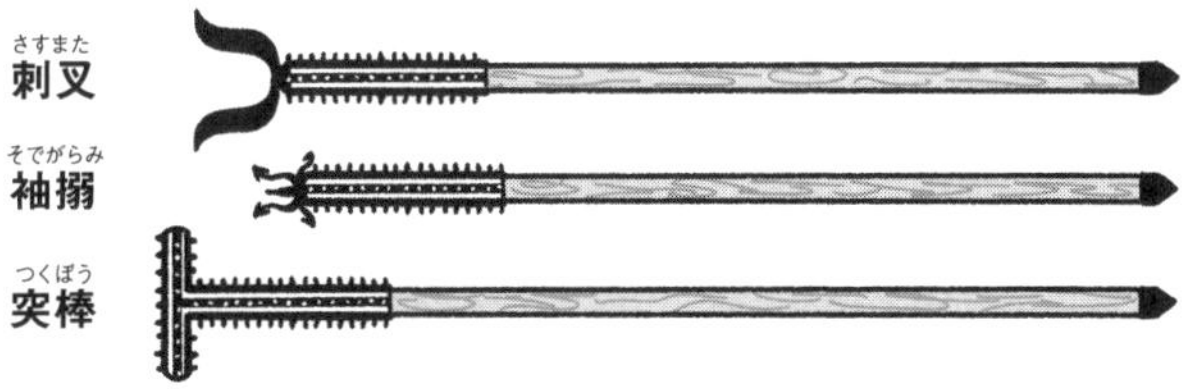

◎消火道具

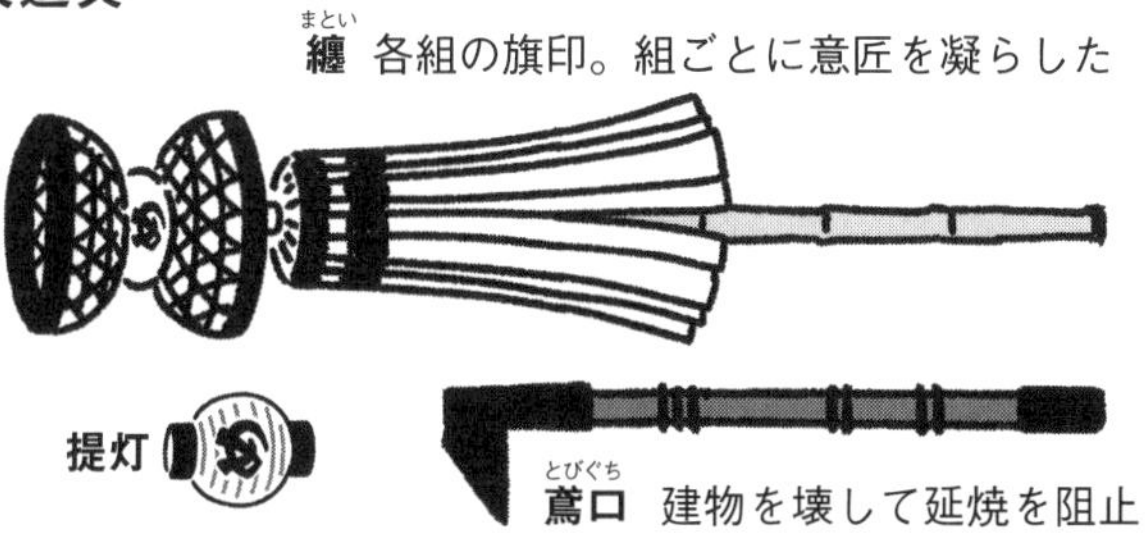

が町から認められていた。子どもの玩具や飴おこしなどを売り、同様に町のコンビニのような役割も果たしたが、その利益は番屋の運営費などに充てられた。公共施設としての機能を維持できる、うまい仕組みである。

幕末の嘉永《かえい》３年（１８５０）の時点で、江戸の街には一〇〇〇軒近い自身番屋があったという説がある。これが正しければ、木戸番屋はそれ以上の数に達しただろう。各町の人々が利用できたわけだから、現代人が気軽にコンビニに立ち寄るとの同じような感覚で、江戸の人々も自身番屋や木戸番屋に行っていたかもしれない。

江戸の間取り
18

湯屋

安価に入れて社交場もあった江戸の定番

❖湯屋の料金は安かった

江戸では町人が風呂を持つことはあまりなかった。火事に対する恐れ、燃料の薪の価格が高かったこと、水が不自由だったことが理由である。手間や費用を考えれば、自宅で風呂を造るよりも、**湯屋に出かけた方が安上がりで好都合**でもあった。

そのため、江戸の町には湯屋が多く、町ごとに営業しているぐらいの数となる。文化11年（1814）には、その数は**六〇〇軒余**にも達した。幕末の頃、江戸の中心部では一町あたり湯屋が二軒ずつあったという。

入浴料も、他の物価に比べると格安だった。江戸中期にあたる明和年間（1764～72）までは、

◎湯屋の間取り図

入浴料…江戸中期は大人６文、子ども４文
1794年からは大人10文、子ども６文（のち８文）

※掛けそば１杯で16文

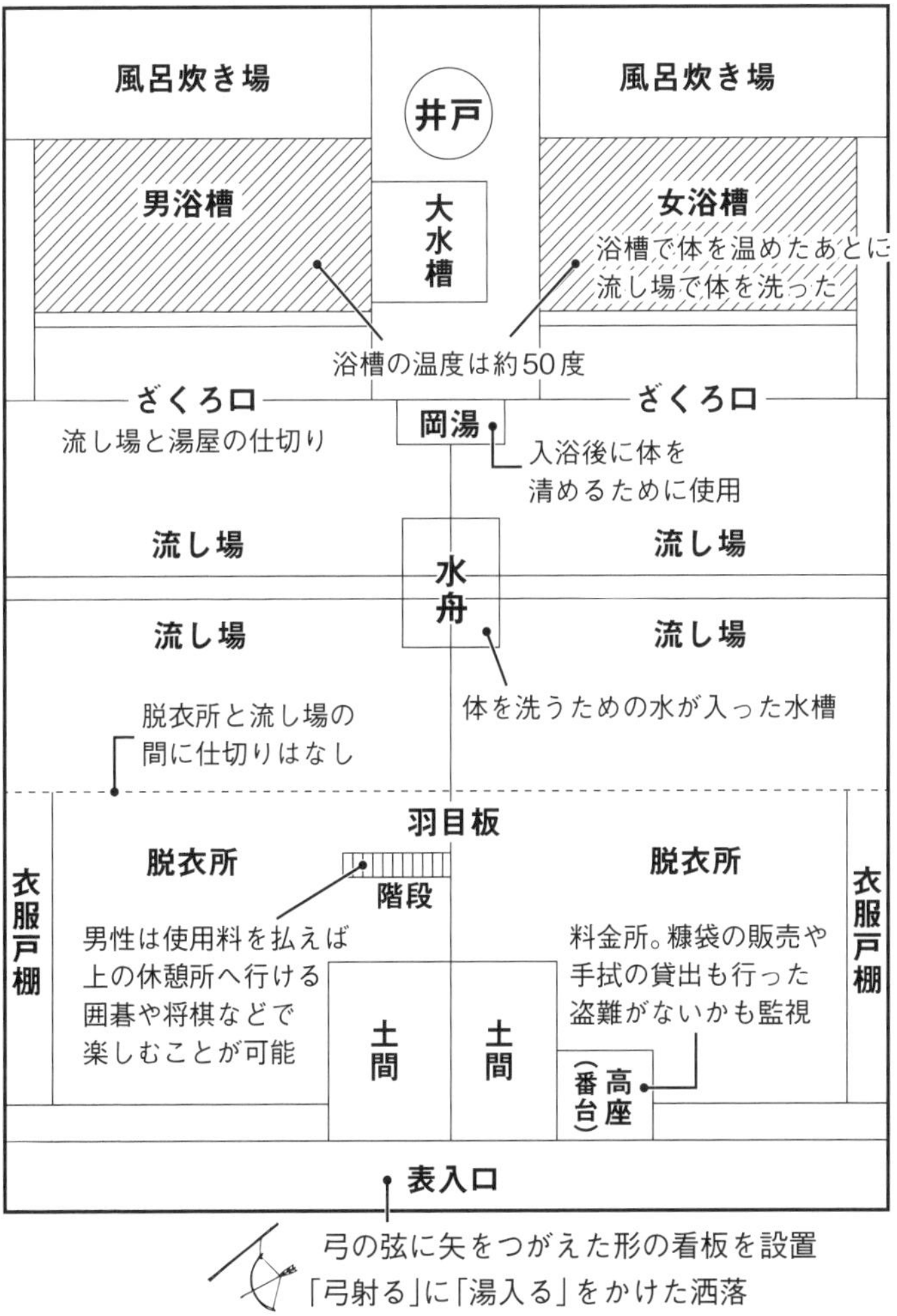

（『図説 見取り図でわかる！江戸の暮らし』所収図を元に作成）

大人が六文。子どもが四文。寛政6年（1794）からは、大人が一〇文。子どもが六文となるが、子どもは天保年間（1830〜44）に八文となっている。

といっても、かけ蕎麦一杯が一六文であるから、その半額ほどに過ぎない。他の物価と比較しても、その格安さは際立っていた。格安な料金であったからこそ毎日のように湯屋に通えたが、それだけの頻度で利用されたからこそ格安料金が可能だったとも言えよう。

江戸の気候事情も見逃せない。江戸は風が強いため埃をかぶりやすく、毎日風呂に入るのが習慣になっていたため、湯屋の需要は大きかった。

湯屋は江戸の人々にとり、生活の一部になっていたが、時間帯により客層は異なる。朝は仕事に出かける前の者や隠居身分の者。午後は手習いから戻った子どもや仕事が終わった者たちがやって来た。一日中、湯屋には人の出入りが絶えなかった。

❖ざくろ口の先は熱湯

では、湯屋の間取りをみてみよう。

湯屋の入り口には、弓の弦に矢をつがえる形をした看板が掛けられていた。「弓射る」に「湯入る」

を掛けた江戸っ子の洒落である。入り口を過ぎると、行く先は二つに分かれる。男湯と女湯だ。図では左が男湯で右が女湯となる。

脱衣所で衣類の盗難が起きないよう見張るため設けられた番台（「高座」）は、女湯側に置かれた。番台は料金所の役割も果たしており、客のリクエストに応じて体を擦る糠袋《ぬかぶくろ》を売ったり、体をぬぐう手拭を貸した。男湯の方は、男湯と女湯を仕切る羽目板越しに番台の上から監視した。

脱衣所には、脱いだ衣類を入れる棚がその壁側に置かれた。脱衣所を過ぎると流し場（洗い場）だが、その間は仕切りがなかった。一方、洗い場と浴槽の間には仕切りがあった。これを「ざくろ口」という。鳥居の形をしていた。

ざくろ口は高さ九〇センチほどしかなく、屈んで潜らなければならなかった。浴槽の湯気を逃がさないようにするため、仕切りを狭くする造りが施されていた。そのため、浴槽の温度は五〇度近くにも達することになる。

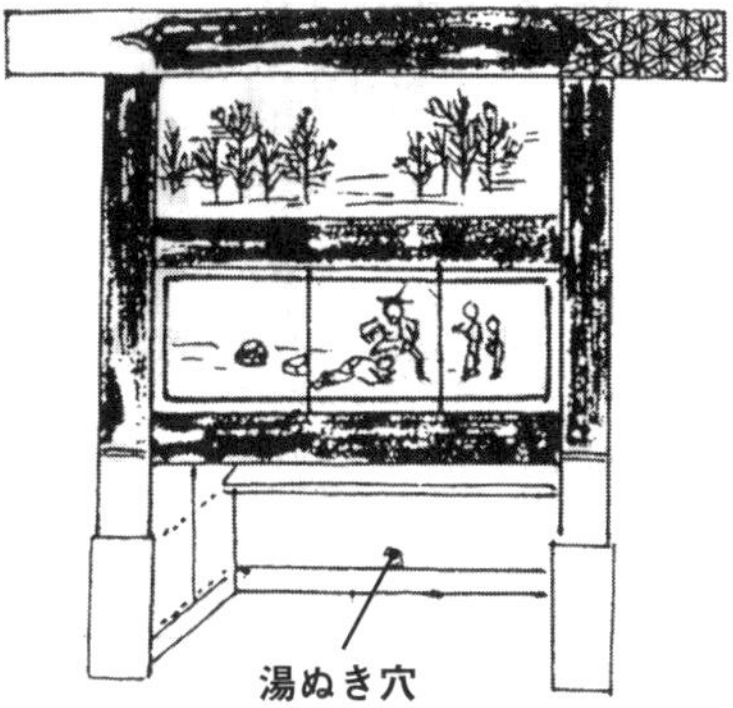

洗い場と浴槽の仕切りであるざくろ口

江戸の頃は、体を洗う前に浴槽につかり体を温める

湯屋における女性の喧嘩を描いた錦絵。左上に見えるのがざくろ口（歌川芳幾「競細腰雪柳風呂」部分）

のが普通だった。水を豊富に使えない事情もあり、浴槽の湯は汚かった。よって、体を温めるだけに使われたのである。

混浴禁止が命じられた寛政3年（1791）までは男女混浴の状態だった。寛政3年以降は、男女別々の浴槽が設けられるようになる。

浴槽で体を温めた後、流し場で体の汚れを取ることになる。流し場には水舟が置かれており、そこに張られている水で温度調整をしながら体を洗った。その際には糠袋が使われたが、小豆や大豆を臼で挽いてパウダー状にし、これに香料を加えたものも洗い粉として番台で売られていた。洗い粉は肌の艶もよくなるため洗顔にも使われた。なお、流し場には櫛や爪切りなども備え付けられていた。

流し場で体を洗った後は脱衣場に戻り、衣類を着る。女性はそのまま湯屋を出るが、男湯の脱衣場には二階にあがる梯子が付けられていた。

二階は男性専用の休憩所になっていたが、無料で利用できたわけではない。入浴料と同じぐらいの使用料を払った。菓子も売られていた。入浴料は安く設定されたが、二階で散財させることで湯屋は経営の安定化を目指した。

湯屋の二階は町人たちの社交場となっていたのだ。囲碁や将棋を楽しみながら、あるいは備え付けの絵草紙などを読みながら、湯上りのひとときを談笑しながら過ごしたのである。

江戸の間取り19

芝居小屋

幕府に睨まれながらも大発展した江戸の娯楽地

❖江戸四座から三座体制へ

江戸には一日に一〇〇〇両もの金が落ちると称された場所があった。朝に日本橋の魚市場で、昼に芝居町で、夜に吉原で一〇〇〇両落ちたというが、天保13年（1842）まで芝居町は現在の日本橋と銀座にあった。

歌舞伎には二種類があった。**大芝居《おおしばい》**と**宮地《みやち》（小）芝居**の二つである。大芝居とは江戸三座（中村座・市村座・森田座）のことで、幕府から常設小屋での興行を許された芝居だ。中村座は堺町、市村座は葺屋町《ふきやちょう》、森田座は木挽町《こびきちょう》にあった。堺町・葺屋町が日本橋、木挽町が現在の銀座にあたる。

なお、三座のほか、山村座が木挽町で常設小屋での興行を許されていた時代があった。かつては

◎堺町の芝居町の間取り図

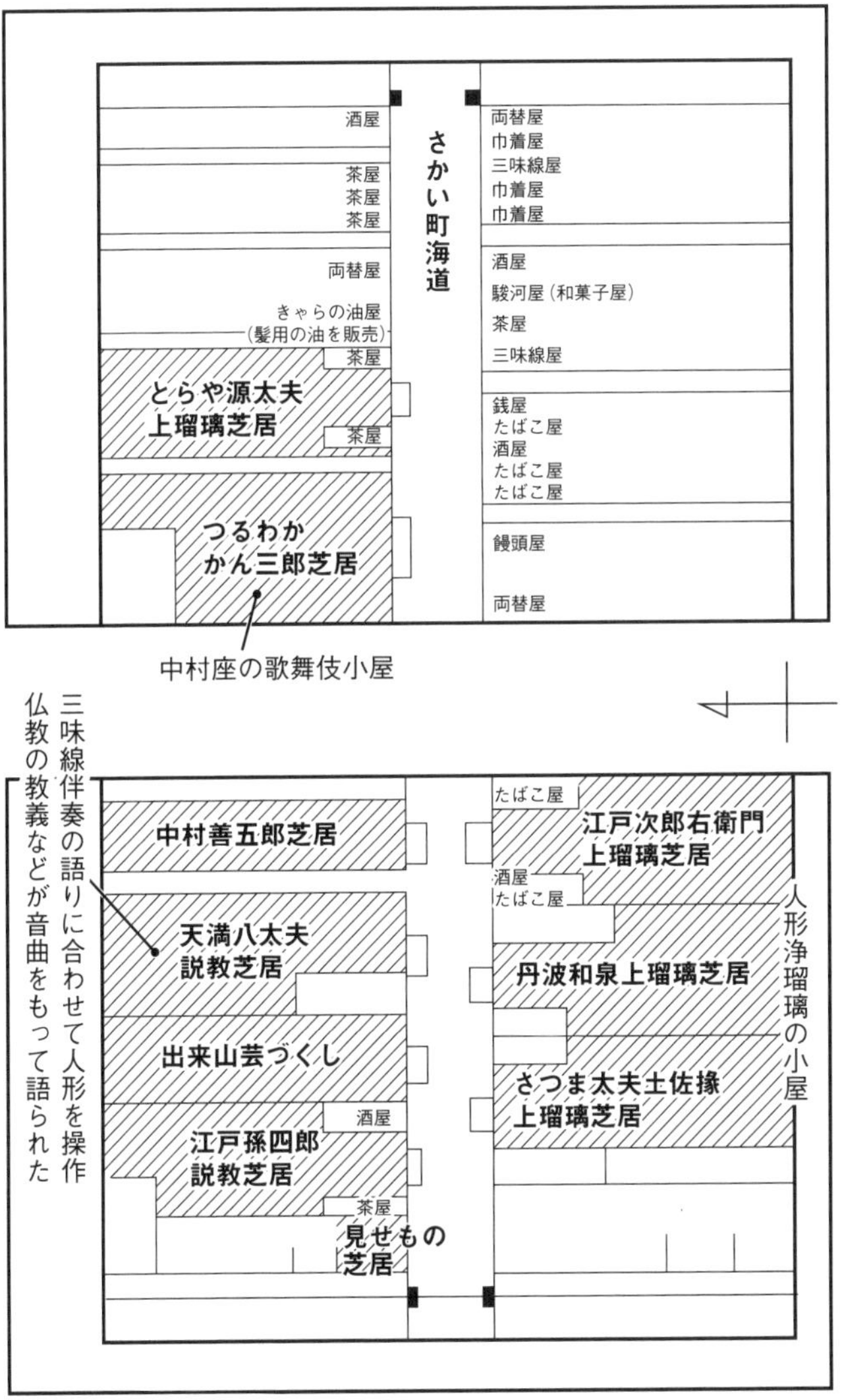
さかい町海道
酒屋
茶屋
茶屋
茶屋
両替屋
きゃらの油屋
(髪用の油を販売)
茶屋
とらや源太夫
上瑠璃芝居
茶屋
つるわか
かん三郎芝居
中村座の歌舞伎小屋
両替屋
巾着屋
三味線屋
巾着屋
巾着屋
酒屋
駿河屋(和菓子屋)
茶屋
三味線屋
銭屋
たばこ屋
酒屋
たばこ屋
たばこ屋
饅頭屋
両替屋
三味線伴奏の語りに合わせて人形を操作
仏教の教義などが音曲をもって語られた
中村善五郎芝居
天満八太夫
説教芝居
出来山芸づくし
酒屋
江戸孫四郎
説教芝居
茶屋
見せもの
芝居
たばこ屋
江戸次郎右衛門
上瑠璃芝居
酒屋
たばこ屋
丹波和泉上瑠璃芝居
さつま太夫土佐掾
上瑠璃芝居
人形浄瑠璃の小屋

(『守貞謾稿』(国会図書館所蔵)を元に作成)

江戸四座体制だったが、正徳4年（1714）正月12日に世に言う絵島生島《えじまいくしま》事件が起きる。大奥で権勢を振るった年寄の絵島が、山村座の人気歌舞伎役者生島新五郎と密通に及んだとされ、幕府当局の忌諱《きい》に触れた事件だ。吟味の結果、山村座は廃絶の処分を受け、以後江戸三座体制となったのである。

一方、**宮地芝居は浅草寺や神田明神などの寺社境内地や両国広小路などの盛り場で興行された芝居**だった。その小屋は常設を許されず、晴天一〇〇日間と決められた興行期間が終了すれば取り払われるのが原則だ。ただし、実際は一〇〇日興行が再び認められることで小屋は取り払われず、そのまま興行される場合も多かった。

宮地芝居の興行地は計二十数ケ所に及ぶ。なかでも、湯島天神・芝神明宮《しばしんめいぐう》・市谷八幡宮での宮地芝居は宮地三座と呼ばれるほどの人気を誇った。

江戸三座と宮地芝居の差は大きかった。格差も激しく、宮地芝居の役者は三座の桧舞台《ひのきぶたい》を踏むことはできないとされたほどだが、一番の違いは見物の料金である。

桟敷《さじき》で見物するとなると、見物代だけで最高で銀三五匁掛かった。現在の貨幣価値に換算すれば、約五万円（一両＝銀六〇匁《もんめ》）であり、日雇いの労働者の給金が銀一匁にも満たなかったことを踏まえれば、庶民には高嶺の花だった。桟敷席を用意した茶屋などへの心付けなども含めれば、**宮地芝**

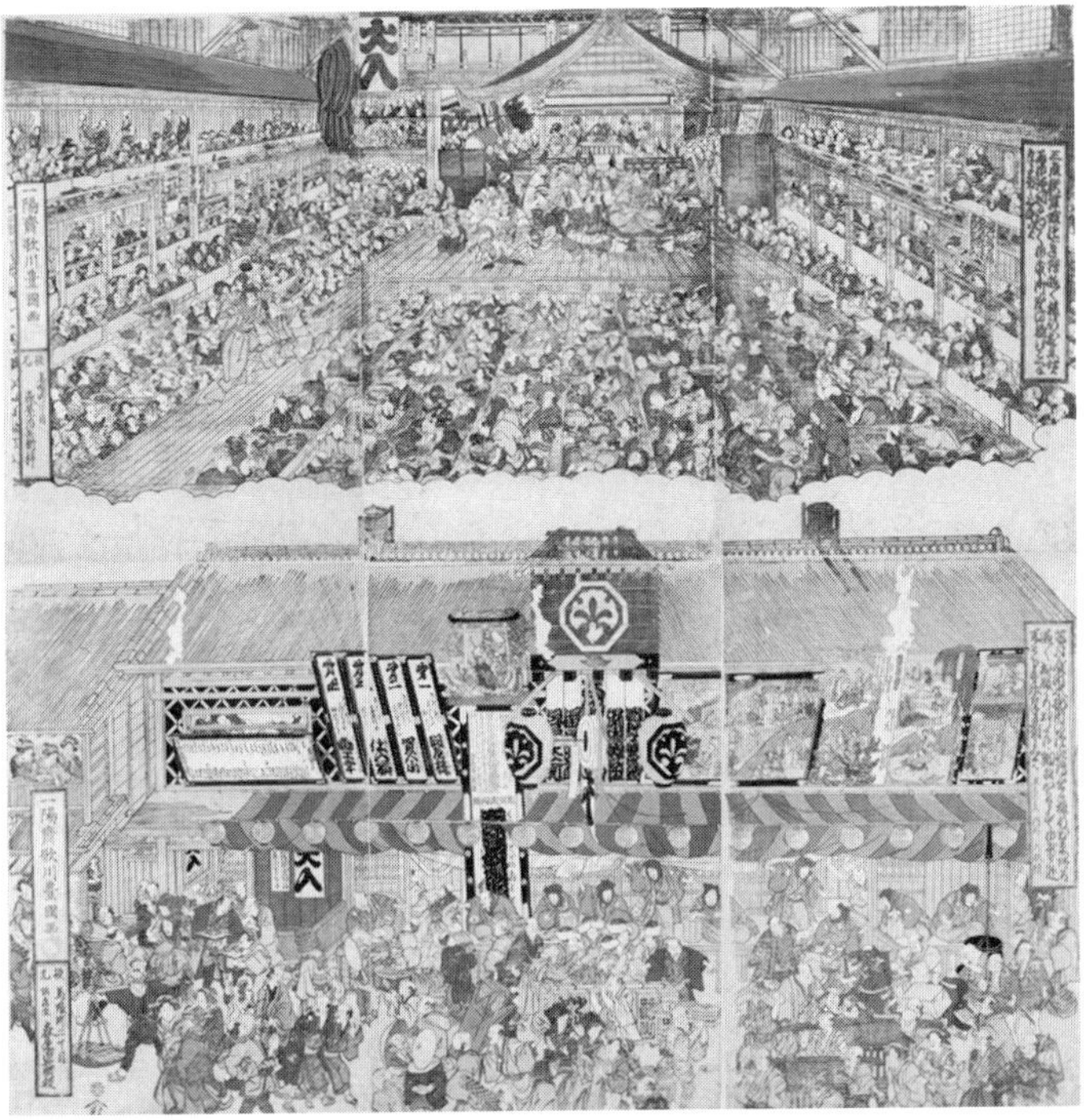

中村座を描いた錦絵（歌川豊国「中村座内外の図」国会図書館所蔵）

居の見物に比べて数倍以上の費用が掛かることは言うまでもない。つまり、**三座の客層とは豪商やその奥方、あるいは大名クラスの武士と奥方**だった。

❖芝居町の繁栄

芝居町といっても、歌舞伎小屋だけがあったわけではない。その間取り図から内部の様子を覗いてみよう。

151ページの下の図に書き込まれている「さつま

太夫　土佐掾上瑠璃芝居」(薩摩座)、「丹波和泉上瑠璃芝居」とは、**人形浄瑠璃の小屋**のことである。人形浄瑠璃とは、三味線伴奏の語り物である浄瑠璃に合わせて人形を操る芸能だ。なかでも竹本《たけもと》義太夫《ぎだゆう》が創始した浄瑠璃は特に義太夫節と呼ばれ、台本作者の近松門左衛門とのコンビで大人気を博す。

向い側の「江戸孫四郎説教芝居」は、説教節の小屋のこと。説教節も浄瑠璃と同じく三味線伴奏の語り物で、その語りに合わせて人形を操る芸能だった。仏教の教義など宗教的な内容が音曲をもって語られた。

「堺町　葺屋町戯場」というタイトルで芝居町が俯瞰された左図をみると、中村座の向かい側に「あやつり座」とある。薩摩座など人形浄瑠璃の小屋が集まっていた場所だ。

上の図には、「つるわかかん三郎芝居」(中村座の歌舞伎小屋)、「とらや源太夫上瑠璃芝居」のほか、「茶屋」「酒屋」「たばこ屋」「三味線」がみえる。芝居町は芝居見物の客を対象にした商売が花盛りであり、芝居客が飲食を楽しめる芝居茶屋(「茶屋」)はその代表格だった。

芝居町には料理茶屋や酒屋のほか、蕎麦屋、鰻屋なども数多く軒を並べ、**華やかな飲食文化の発信地としての顔も持っていた**。芝居見物だけでなく見物客が消費する飲食代を含めて、芝居町で一〇〇〇両落ちたと評されたわけだ。

江戸の観光案内書に描かれた堺町の芝居小屋一帯。右側に「あやつり座」の文字が見える（「堺町 葺屋町戯場」部分『江戸名所図会』国会図書館所蔵）

煙草屋など日用品を売る商人も住むほか、芝居を支える業者も大勢住んでいた。例えば、歌舞伎や人形浄瑠璃の舞台で演奏される三味線を扱う業者（「しゃみせんや」）も住んでいる。

❖芝居小屋を遠ざけたい幕府

芝居は江戸の流行文化を牽引する芸能としてたいへん人気があったが、**役者が舞台で披露する派手な衣装や風俗が社会秩序を乱しかねないとして、幕府当局の忌諱に触れることも多かった。**老中水野忠邦による天保の改革時には、江戸歌舞伎の代表格・市川團十郎が風俗取締りのターゲットと

◎移転前後の芝居町地図

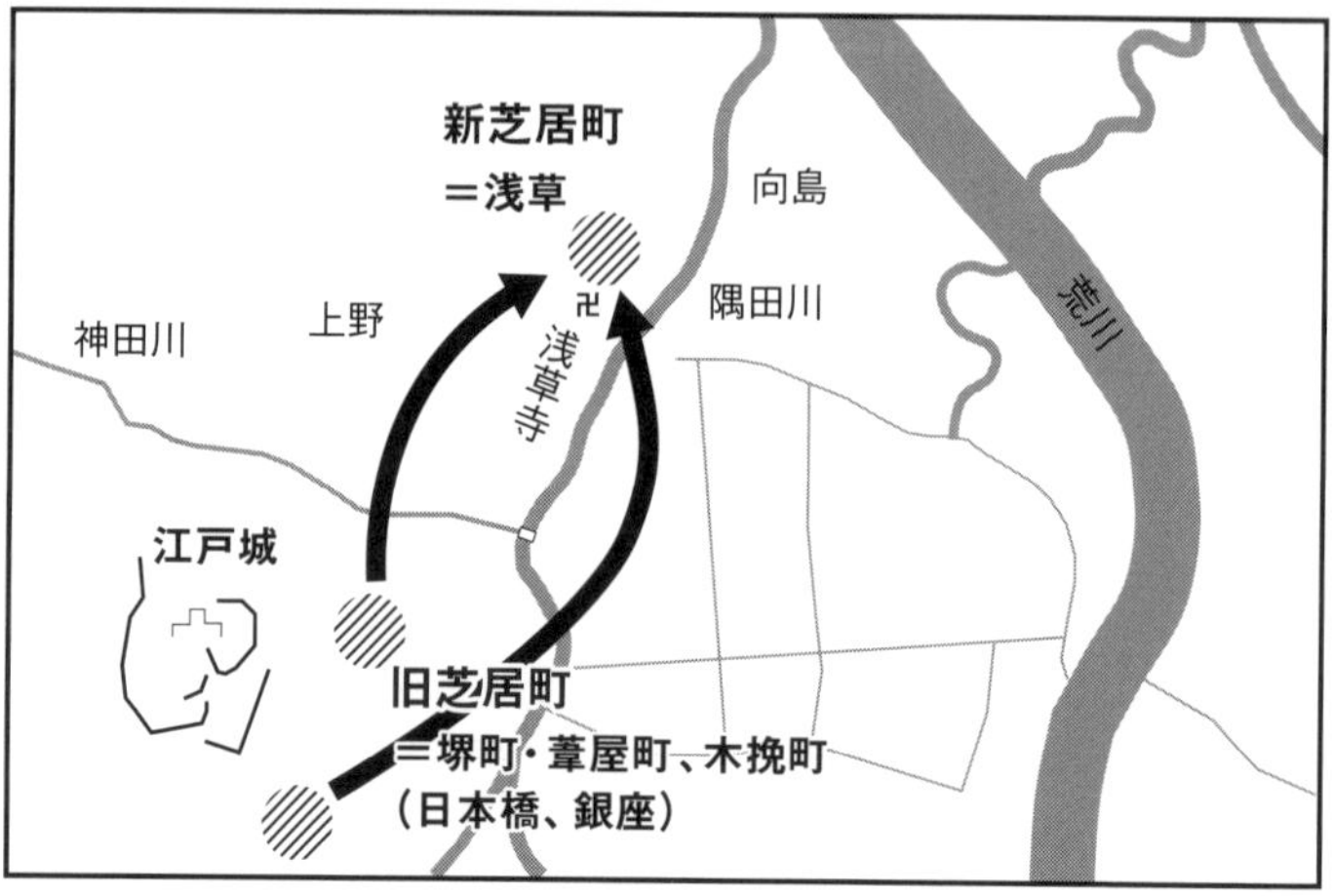

なって江戸追放の処分まで受ける。

さらに、江戸三座が浅草への移転を命じられた。折しも、改革最中の天保12年（１８４１）10月7日に堺町の中村座の楽屋から出火し、隣町の葺屋町の市村座にも飛び火する。江戸三座のうち二座まで焼失したのを好機として、幕府内では芝居小屋の移転が浮上した。12月には移転が決定する。

同月19日、町奉行所に三座の座元などが呼び出され、芝居小屋の移転が申し渡された。江戸の中心部に芝居小屋があっては市中の風俗に悪影響を与えるとして、できるだけ中心部から遠ざけたいという幕府の意図が秘められた申し渡しだった。

三座はもちろん、芝居小屋で生計を立てていた芝居町の者たちは驚愕する。移転反対の意思を示すも、幕府は認めなかった。翌13年（1842）正月には、移転先は丹波園部《そのべ》藩小出家の下屋敷一万一五〇〇坪であると申し渡される。浅草寺のすぐ裏手にあたる場所だ。

4月、同所は猿若町と改められた。猿若一丁目に中村座、同二丁目に市村座、三丁目に森田座が置かれた。芝居小屋のみならず、芝居小屋で生計を立てる者たちも移転の対象であり、芝居町の移転と言った方が正確だ。10月より、猿若町で芝居の興行が開始されている。

ここに、**浅草は芝居町としての顔も持つことになった**のである。

江戸の間取り 20

吉原

幕府公認の遊郭は観光スポットでもあった

❖吉原の誕生

独身男性が非常に多かった江戸では娯楽産業が急成長を遂げる。そんな娯楽産業には遊女商売も含まれるが、その象徴たる**吉原**《よしわら》は**幕府が唯一公認した遊郭**であった。

江戸開府の頃、江戸の遊女屋は市中に散在していたが、庄司《しょうじ》甚右（左）衛門たち遊女屋の陳情を受ける形で、町奉行所は一区画にまとめることを決める。

甚右衛門たちにしてみると、江戸市中の遊女屋を一区画にまとめて統制下に置くことで遊女商売を独占できるメリットがあった。かたや町奉行所からすると、遊女屋の取締りが容易になる上、不審者の摘発にも役立つメリットがあった。

◎元吉原の間取り図

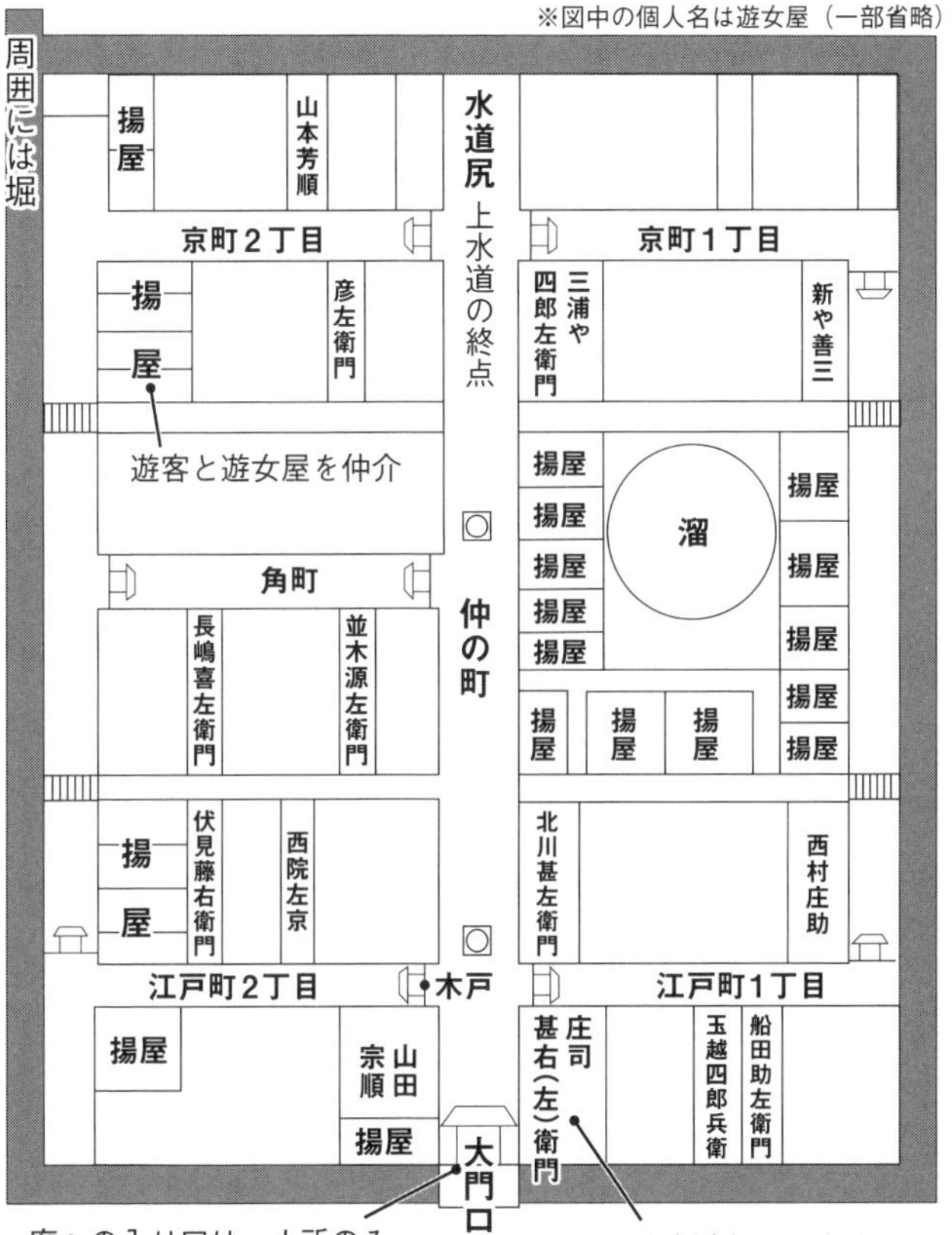
廓への入り口は一カ所のみ
遊女の逃亡を防ぐ目的もあった
甚右(左)衛門ら遊女屋の
陳情をきっかけに、
幕府は遊郭の設置を公認

（『守貞謾稿』（国会図書館所蔵）を元に作成）

◎**吉原のルール**

1. 客は揚屋に入って遊女を指名
2. 遊女屋に書状が送られる
3. 遊女は遊女屋から仲の道を通って揚屋へ＝花魁道中
4. 客は芸者や幇間(盛り上げ役)も呼び、宴席を設ける

当時、市中を騒がす不審者が遊女屋に逃げ込むことが少なくなかった。町奉行所は江戸の治安維持を目指すが、遊女屋が散在していたことで取締りは不充分なものになっていた。よって、**遊女屋をまとめておくことは治安対策としても有効だった**のである。

元和3年（1617）3月、町奉行は甚右衛門を呼び出し、市中の遊女屋を集めて遊郭を建設することを許した。その用地として約二町四方の土地（現中央区人形町）を与える。翌4年（1618）より甚右衛門たちは同所で営業を開始するが、これが吉原遊郭のはじまりだ。それに伴い、吉原以外の遊女商売は禁止された。

明暦3年（1657）に吉原は幕府の命を受けて浅草寺裏手の日本堤《にほんづつみ》に移転するが、移転前の吉原は元吉原《もとよしわら》、移転後の吉原は新吉原と呼ばれる。

❖吉原名物・花魁道中

吉原が誕生した元和の頃は江戸時代初期にあたり、江戸は開発途上の都市であった。江戸城からもさほど遠くない場所にあった吉原も周囲は葦《あし》が茂れる湿地帯だったが、そんな元吉原時代の吉原の間取りをみてみよう。

花魁道中を描いた錦絵（『古代江戸繪集』国会図書館）

吉原の周囲には堀が廻らされ、廓への出入りも大門口一か所に限られていた。遊女の逃亡を防ぐためである。庄司甚右（左）衛門などの個人名が書き込まれているが、これは遊女屋だ。

吉原は江戸町一・二丁目、京町一・二丁目、角町の五カ町で構成された。道の両側に建物が立ち並ぶ両側町のスタイルだが、図からは各町の入口に門が設けられていることがわかる。

一見して「揚屋《あげや》」が目に付くが、揚屋とは遊客と遊女屋を仲介する店のこと。遊客が揚屋にあがって遊女を指名すると、遊女屋に指名があった旨の書状が送られるのがルールだった。そして、遊客は芸者や幇間《ほうかん》（盛り上げ役の男性）を相手に宴席を設けて遊女が到着するのを待つが、その費用は自分持ちだった。

指名した遊女が遊女屋から揚屋に向かうことを道中と称したが、これが吉原の名物にもなっていた**花魁道中**《おいらんどうちゅう》である。吉原の中央部を南北に貫く仲の町を練り歩いてくるのだ。

吉原が誕生した頃は戦国の余風冷めやらぬ時期であったが、その後泰平の世となるにつれて江戸は人口が急増する。開設当時は葦が茂れる湿地帯だった吉原周辺も宅地造成が進む。人家が立て込みはじめて市街地化したが、いきおい遊郭があることがクローズアップされるようになる。幕府としては市中に風紀の乱れが広がることを懸念した。

そこで、吉原に対して江戸郊外への移転を命じる。明暦2年（1656）のことである。移転先は浅草寺裏手の日本堤であった。その周囲は田園地帯であり、浅草田圃とも称された場所である。

❖吉原の移転と発展

移転を余儀なくされた吉原だが、その際幕府から以下のような見返りを得ている。

移転先に予定された用地の規模がこれまでよりも約五割増になっている。約二町四方から東西の幅がもう一町広げられたことで横長の約二町×三町に拡大されたのだ。さらに、昼間だけでなく夜間の営業も許可される。

◎新吉原の間取り図

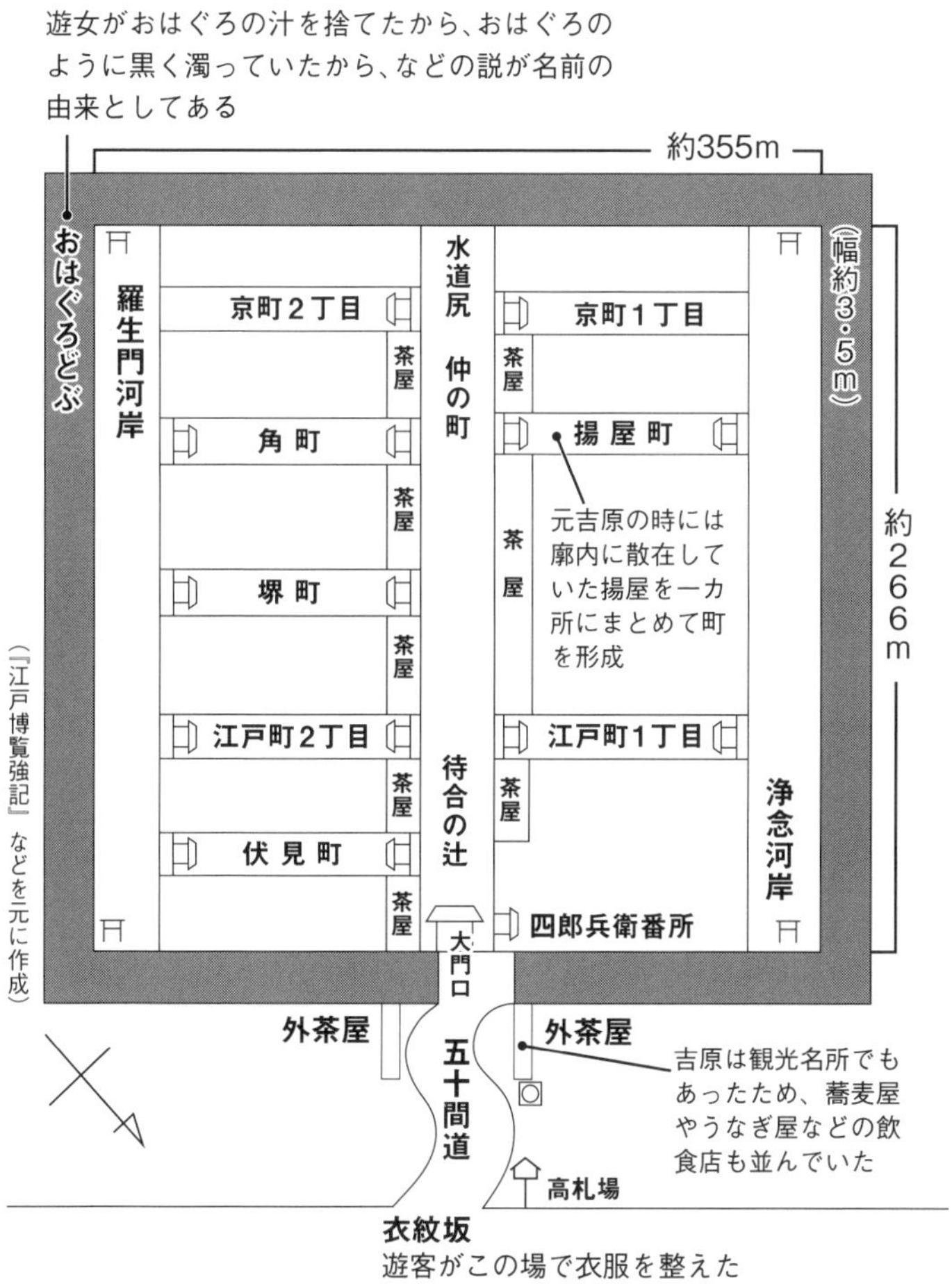

人口…8171人（1721年）
遊女2105人、禿（使用人）941人、飲食業者・商人・職人など5125人

◎移転前後の吉原地図

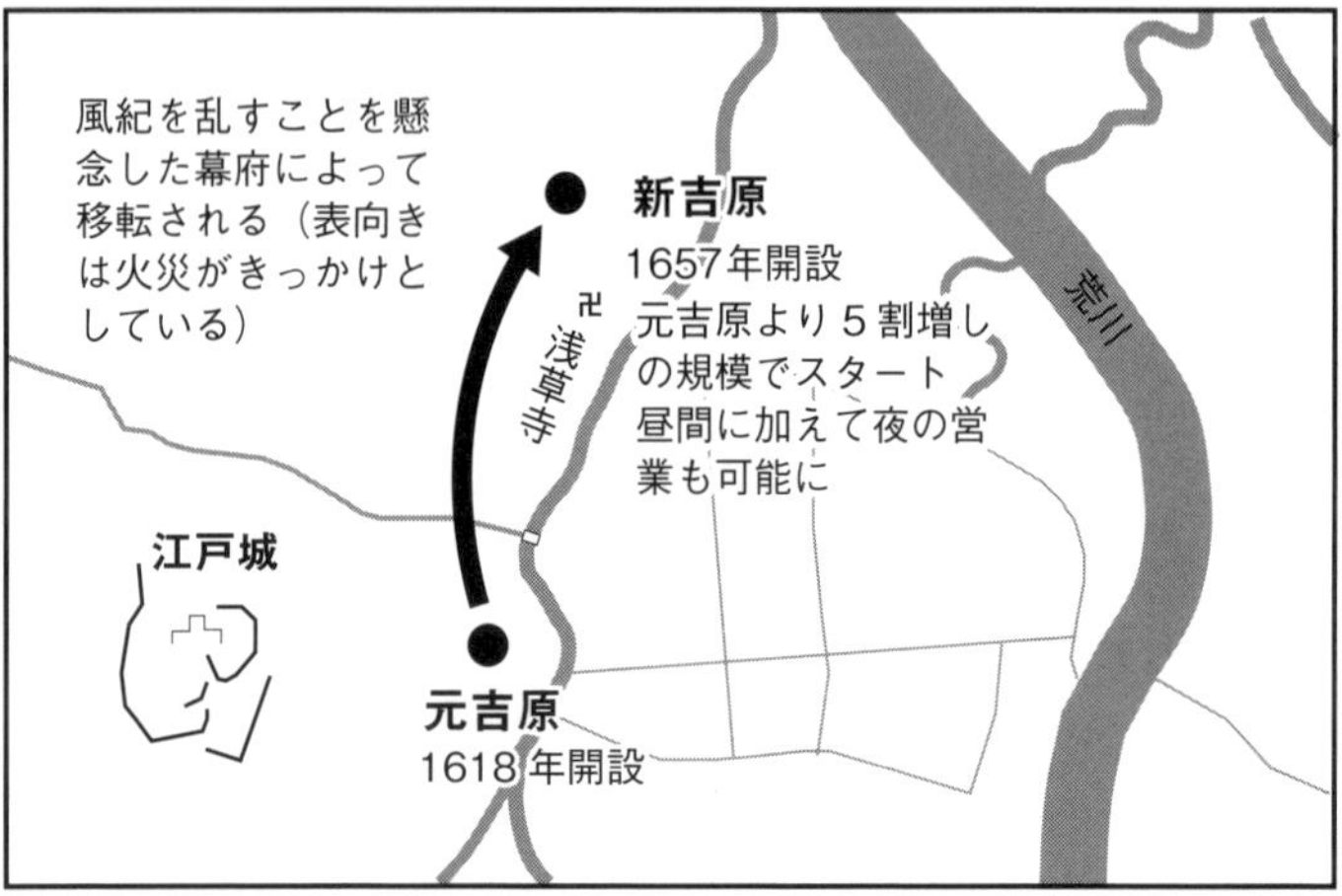
風紀を乱すことを懸念した幕府によって移転される（表向きは火災がきっかけとしている）
新吉原
1657年開設
元吉原より５割増しの規模でスタート
昼間に加えて夜の営業も可能に
浅草寺
荒川
江戸城
元吉原
1618 年開設

移転準備が進められるなか、翌3年正月に明暦の大火が起き、江戸城をはじめ城下町一帯が焼け野原となる。幕府はこれを教訓に、江戸城や城下町を火災から守るため城下の建物をできるだけ郊外へ移転させた。市街地のさらなる拡大の呼び水となるが、吉原移転は明暦の大火以前に決まっていたことであり、早くも同年8月から移転先での営業を開始している。

元吉原時代よりも面積が約五割増となった新吉原の規模は、二万坪余にも達した。周囲には「おはぐろどぶ」と呼ばれた堀が廻らされ、廓への出入りも大門一ケ所だけに制限されたのは同じだが、面積が約五割増となったことで揚屋町などが新設される。揚屋町とは廓内に散在していた揚屋を集めて造られた町であった。

遊客は日本堤から五十間道と呼ばれた坂道をのぼって大門へと進むが、吉原に向かう者は遊女屋にあがる者だけではなかった。**吉原は地方からの観光客も数多く訪れる人気の観光名所となっていた**からだ。廓内のみならず、吉原周辺にも蕎麦屋、鰻屋など飲食を楽しめる店舗が数多く立ち並んでいたのである。

吉原には遊女だけが住んでいたわけではない。飲食業者のほか商人や職人も大勢住んでいた。享保6年（1721）の数字によると、人口は八一七一人。そのうち遊女は二一〇五人、遊女の使用人である禿《かむろ》が九四一人であった。実は遊郭といっても、遊女は吉原の人口の約四分の一を占めるに過ぎなかった。

なお、吉原が火事で焼失した際は、建物が再建されるまでの間、浅草、両国、深川などで遊女屋は仮営業したが、これを「仮宅」と称した。仮宅で営業する場合は吉原で遊ぶよりも費用が少なくて済んだため、たいへん賑わったという。

第四章　寺社地の間取り

寺社地全体図

江戸の総面積の15%を占める。大多数は寺院の敷地。将軍の菩提寺である寛永寺や増上寺は境内も広い。神社では江戸城鎮守の日枝神社や江戸鎮守の神田明神の格が高かった

（『徹底図解 江戸時代』所収図などを元に作成）

寺社地の基本

幕府から境内地として下賜された寺社地の総面積は町人地と同じく江戸の15％を占めたが、江戸時代は**寺院の勢力が神社よりも遙かに強く、大半は寺院の境内地**であった。

現代東京の行政区画でみてみると、台東区と港区に寺院が多かったのが特徴である。台東区には寛永寺《かんえいじ》そして浅草寺《せんそうじ》、港区には増上寺《ぞうじょうじ》の広大な境内地があったことが大きい。

幕府から増上寺・寛永寺に広大な境内地が下賜されたのは、**歴代将軍の菩提寺だった**からだ。将軍に最もゆかりのある格の高い寺院である上に将軍の墓所（霊廟）も置かれたため、境内地は広大にならざるを得なかった。浅草寺にしても、将軍自身が参詣する寺院として両寺に次ぐ寺格を誇った結果、広大な境内地が下賜されたのである。

一口に寺院と言っても、その格差は非常に大きい。増上寺の寺域は約二五万坪。寛永寺に至っては三〇万坪を超え、浅草寺も一一万坪を超えた。

現在、増上寺の南側に広大な芝公園、寛永寺の南側には上野公園が広がっている。というよりも、芝公園は増上寺（浄土宗）、上野公園は寛永寺（天台宗）の境内だった。明治に入ると、この巨大な境内地が政府に取り上げられ、公園に指定されてしまった。前政権（徳川将軍家）ゆかりの巨大寺院であることが両寺には仇になる。

浅草六区に象徴される浅草寺（天台宗）界隈の

娯楽街も、本《もと》を正せば浅草寺の境内だった。同じく明治政府に取り上げられて浅草公園となった後、娯楽街となる。

江戸開府以前にも多くの寺院があったが、徳川家康が江戸に幕府を開いたことで寺院数は激増する。その実数は分からないが、明治に入ると政府は東京（江戸）の境内地を宗派別に調査している。明治3年（1870）5月時点の集計結果だ

◎宗派別面積（1870）

禅　宗（臨済・曹洞宗）	約54万7000坪
天台宗	約52万5000坪
浄土宗	約51万4000坪
真言宗	約49万7000坪
日蓮宗	約38万3000坪
一向宗	約10万8000坪
時　宗	約5000坪

が、江戸時代の頃の数字と言ってよい。

総面積約二六六万坪のうち、トップは禅宗（臨済・曹洞宗）で約五四万七〇〇〇坪である。仏教各宗派のなかでも、禅宗は武士が信徒であることが多いが、江戸が武士の多い町であったことが反映されている数字だ。

続けて、天台宗（約五二万五〇〇〇坪）、浄土宗（約五一万四〇〇〇坪）、真言宗（約四九万七〇〇〇坪）、日蓮宗（約三八万三〇〇〇坪）、一向宗（約一〇万八〇〇〇坪）、時宗（約五〇〇〇坪）の順である。

天台宗は寛永寺と浅草寺だけで四〇万坪を超え、浄土宗も増上寺が二五万坪もの広さがあったことを踏まえれば、禅宗、真言宗、日蓮宗の健闘が目立つ。一方、神社の境内地は約七万九〇〇〇坪に過ぎなかった（『明治初年の武家地処理問題』）。

江戸の間取り21

増上寺・寛永寺

盛衰は幕府とともに 将軍の二大霊廟

❖将軍の霊廟が置かれた増上寺

江戸の寺社地は広さから言うと、歴代将軍の菩提寺である寛永寺と増上寺が一、二を争ったが、**先に菩提寺に指定されたのは増上寺**の方である。初代将軍の家康は日光山東照宮に葬られて「神君」となるが、二代将軍の秀忠は家康の遺言により将軍の菩提寺に指定されていた芝の増上寺に葬られた。増上寺は徳川家の宗旨浄土宗の寺院だった。

秀忠の霊廟は、現在ザ・プリンス パークタワー東京が立つ辺りにあった。増上寺を描いた切絵図をみると、左右に**「御霊屋《おたまや》」**という文字がみえる。将軍が葬られた霊廟を意味する言葉だが、秀忠（台徳院《たいとくいん》）の霊廟は左手の「御霊屋」である。

◎増上寺の鳥瞰図

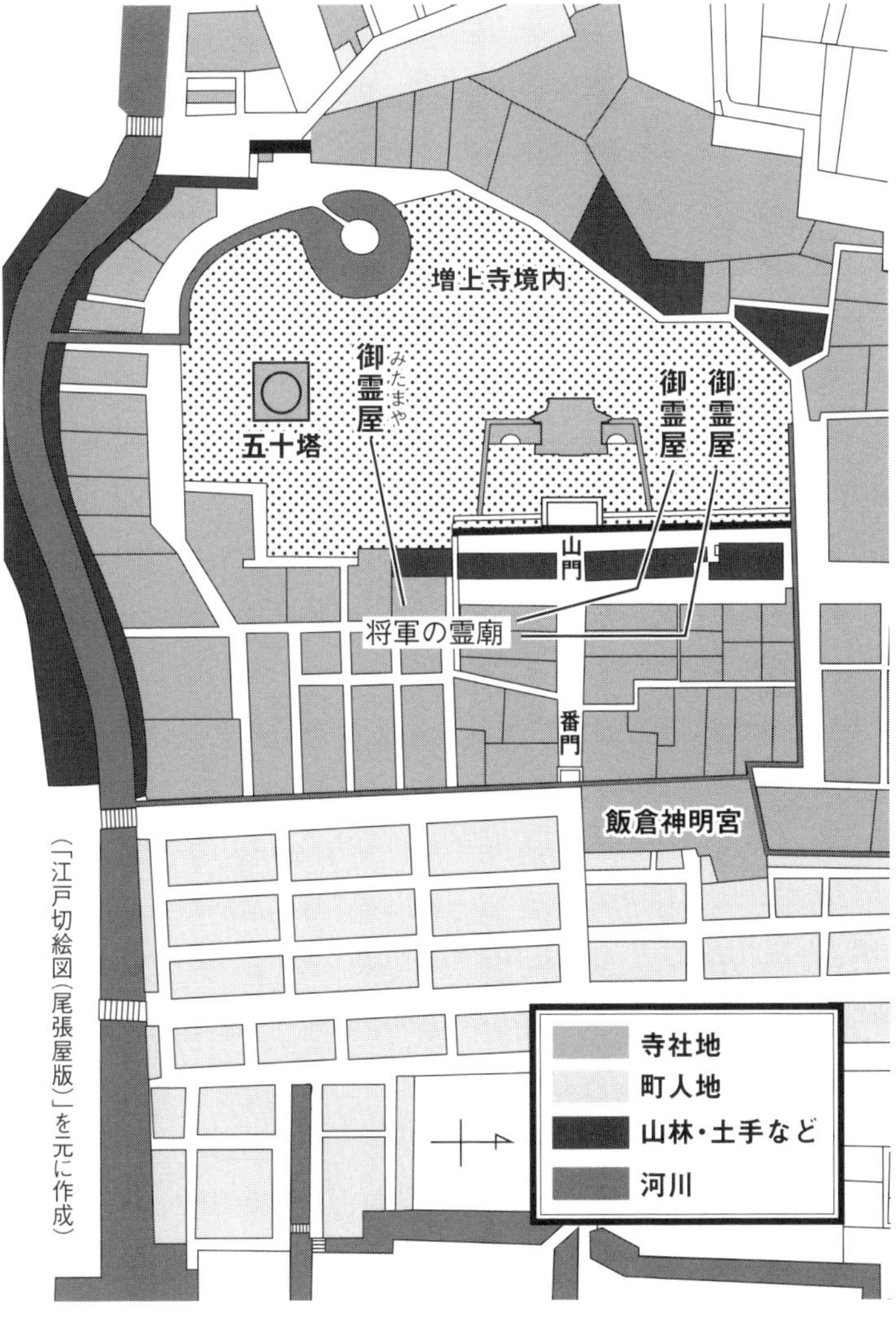

（「江戸切絵図（尾張屋版）」を元に作成）

◎増上寺の将軍家霊廟

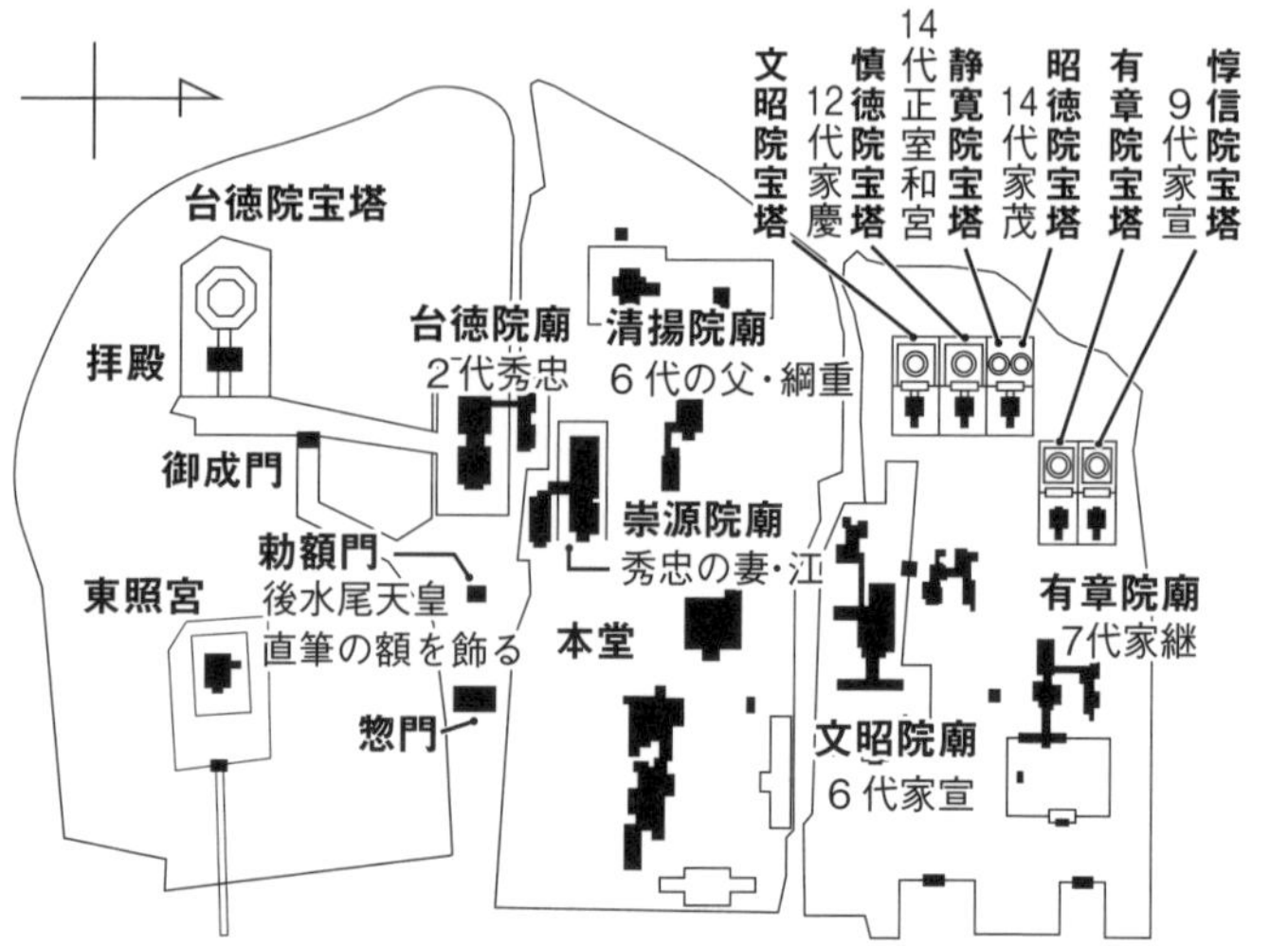

もう少し詳細な境内の見取り図をみてみよう。

本堂の左手に広がる秀忠の霊廟の横には御台所崇源院《すうげんいん》の霊廟が置かれていた。秀忠と御台所の霊廟に参詣する場合は惣《そう》門《もん》と勅額門《ちょくがくもん》をくぐって向かった。勅額門とは、天皇が直筆で書いた額が掲げられている門だ。秀忠については霊廟のほか宝塔も別に造られており、切絵図に描かれている五重塔がこれにあたる。

本堂の右手には秀忠以外の六人の将軍の霊廟が置かれた。六代家宣《いえのぶ》（文昭院《ぶんしょういん》）、七代家継《いえつぐ》（有章院《ゆうしょういん》）、九代家重（惇信院《じゅんしんいん》）、一二代家慶《いえよし》（慎徳院《しんとくいん》）、一四代家茂《いえもち》（昭徳《しょうとく》院《いん》）の霊廟だ。現在は東京プリンスホテルが立っている。本堂の裏手にある「清揚院廟」は、六代家宣の父にあたる甲府藩主徳川綱重の霊廟である。

この切絵図には描かれていないが、境内には家康を祀る神社も創建された。現在も鎮座する芝東照宮だ。

秀忠が葬られた時点では、以後の将軍も増上寺で葬儀を執り行い霊廟が建立されるはずであった。ところが、秀忠の息子で三代将軍の座を継いだ家光の頃より、雲行きが怪しくなってくる。

江戸の鎮守として寛永寺創建を家光に提案した天台宗の天海

❖寛永寺にも霊廟が置かれる

家光は家康の信任も厚かった天台宗僧侶の天海《てんかい》を厚く信頼していた。天海の求めに応じて現在の上野公園内に造ったのが寛永寺だが、京都の**比叡山延暦寺**がモデルになっていた。

伝教大師最澄は京の鬼門（北東の方角）に比叡山延暦寺を創建し、京都を鎮護する役割を担わせた。天海はこの顰《ひそ》みに倣って、江戸城の鬼門にあたる上野台地に寛永寺の建立を家光に願い、許されたのである。山号は東の比叡山ということで東叡山《とうえいざん》。寺号は創建時の元号が寛永であることから、寛永寺と命名された。延暦寺創建時の元号が延暦であったことに倣ったのだ。創建されたのは寛永2年（1625）のことであった。

延暦寺と言えば根本中堂《こんぽんちゅうどう》が代名詞となっているが、モデルとして造られた寛永寺にも中堂があった。現在の噴水公園の辺りが中堂の立っていた場所だ。寛永寺を描いた切絵図にも「中堂」とある。

寛永寺の開基とも言うべき家光は死に臨み、増上寺ではなく寛永寺で葬儀を執り行うよう遺言する。葬儀の後、家光は祖父家康の眠る日光山に葬られたが、家光の霊廟は寛永寺にも建立された。増上寺ではなかったのである。家光の子である四代将軍家綱、五代将軍綱吉も、父と同じく寛永寺で葬儀が行われて霊廟が建立された。図にも「御霊屋」とある。

霊廟が置かれることで寛永寺も将軍の菩提寺に指定されたが、幕府はその寺格を高めるため、京都から法親王を迎えて寛永寺の住職（山主）の座に据える。輪王寺宮《りんのうじのみや》である。

だが、これに危機感を募らせたのが、もう一つの菩提寺増上寺だった。幕府に猛烈に運動した結果、六代家宣逝去の時は増上寺で葬儀が執り行われ、霊廟も建立された。七代家継も増上寺に霊廟が建立された。

よって、今度は寛永寺が巻き返しをはかる。次の八代吉宗はその意思もあって霊廟は寛永寺に建立されたが、以後は両寺のメンツを立てる形で、交互に霊廟が建立される形が定着する。

だが、順番が必ずしも守られたわけではない。一一代家斉は順番から言うと増上寺のはずだったが、寛永寺に霊廟が建立される。寛永寺が大奥に強力に働きかけた結果らしい。その後は一二代家慶が増上寺。一三代家定は寛永寺、一四代家茂は増上寺と交互に霊廟が建立された。ただし、一五代慶喜は神式での葬儀を望んだため、公共墓地である現在の谷中霊園《やなかれいえん》に葬られることになる。

◎寛永寺の境内図

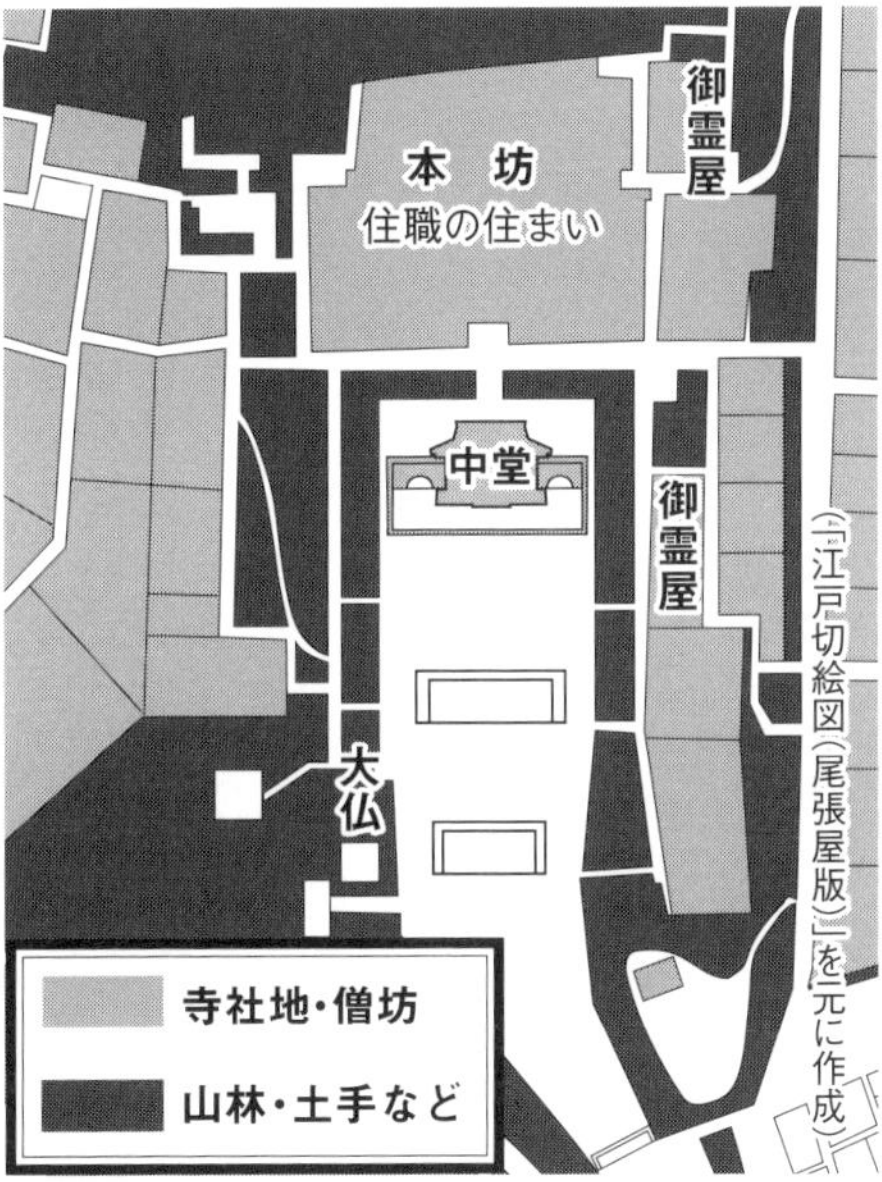

(『江戸切絵図(尾張屋版)』を元に作成)

当事者の両寺にとり、将軍の霊廟を自院に建立できるか否かは大問題であった。なぜなら、葬儀が執り行われて霊廟が建立されることで、**葬**

新政府軍と幕府の彰義隊が戦った後の寛永寺境内。この戦いで多くの伽藍が焼失。幕府に味方したとして、寛永寺は明治維新後に寺域の大部分を没収された

儀のみならず法事の際に香典料や回向料《えこうりょう》などの名目で莫大な金が落ち続けたからである。

❖幕府滅亡後の寛永寺・増上寺

しかし、将軍の霊廟が置かれた両寺も、幕府が倒れて明治維新となると斜陽の時代を迎える。**政権交代の犠牲となった**のだ。

慶応4年（1868）5月15日に起きた彰義隊《しょうぎたい》の戦いで、寛永寺は戦場となる。江戸城に入った新政府軍に対する抵抗姿勢を崩さず、彰義隊と称して寛永寺に籠った徳川家の家臣たちに対し、新政府が総攻撃を仕掛けた結果、寛永寺の大半の伽藍が焼

失してしまう。彰義隊も敗北した結果、寛永寺は約三〇万坪にも及んだ境内が取り上げられる。後に明治政府によって上野公園に改められたが、やがて旧境内の一部は返還され、寛永寺は現在地に移転する。霊廟も縮小されてしまう。

増上寺も明治政府により広大な境内地が没収されて芝公園となるが、昭和二〇年（1945）3月10日の東京大空襲を受けて伽藍や霊廟の大半が焼失してしまう。戦後、霊廟を含めた境内には東京プリンスホテルなどが建設された。霊廟は整理縮小された上、徳川家霊廟として本堂の裏手に移された。霊廟内の建物の多くは、現在では西武ドーム近くの狭山山《さやまざん》不動寺《ふどうじ》に移築されている。徳川の世のもと繁栄した両寺だったが、まさに徳川恩顧の寺院だったことが災いして、新時代では憂き目に遭ってしまったのだ。

江戸の間取り 22

浅草寺

浅草寺が江戸の一大ショッピングセンターになるまで

❖神仏のデパート

江戸はおろか日本を代表する寺院である**浅草寺**は、増上寺や寛永寺よりもその歴史ははるかに古い。推古天皇36年（628）草創の寺院だ。現在でも広大な境内を誇るが、江戸の頃はもっと広かった。貞享《じょうきょう》2年（1685）の調査によると、境内地は三八町一反七畝《ほ》にも達した。坪数にすると、一一万四五〇〇坪余もの巨大な信仰空間であった。その前に行くと喜劇人の手形に出会える浅草公会堂や浅草六区と称される繁華街も、かつては浅草寺境内だった。現在で言うと、**台東区浅草一丁目と二丁目まるまる**である。

浅草寺境内を描いた切絵図をみてみよう。中央部に位置する本堂には本尊の浅草観音が祀られて

◎浅草寺の間取り図

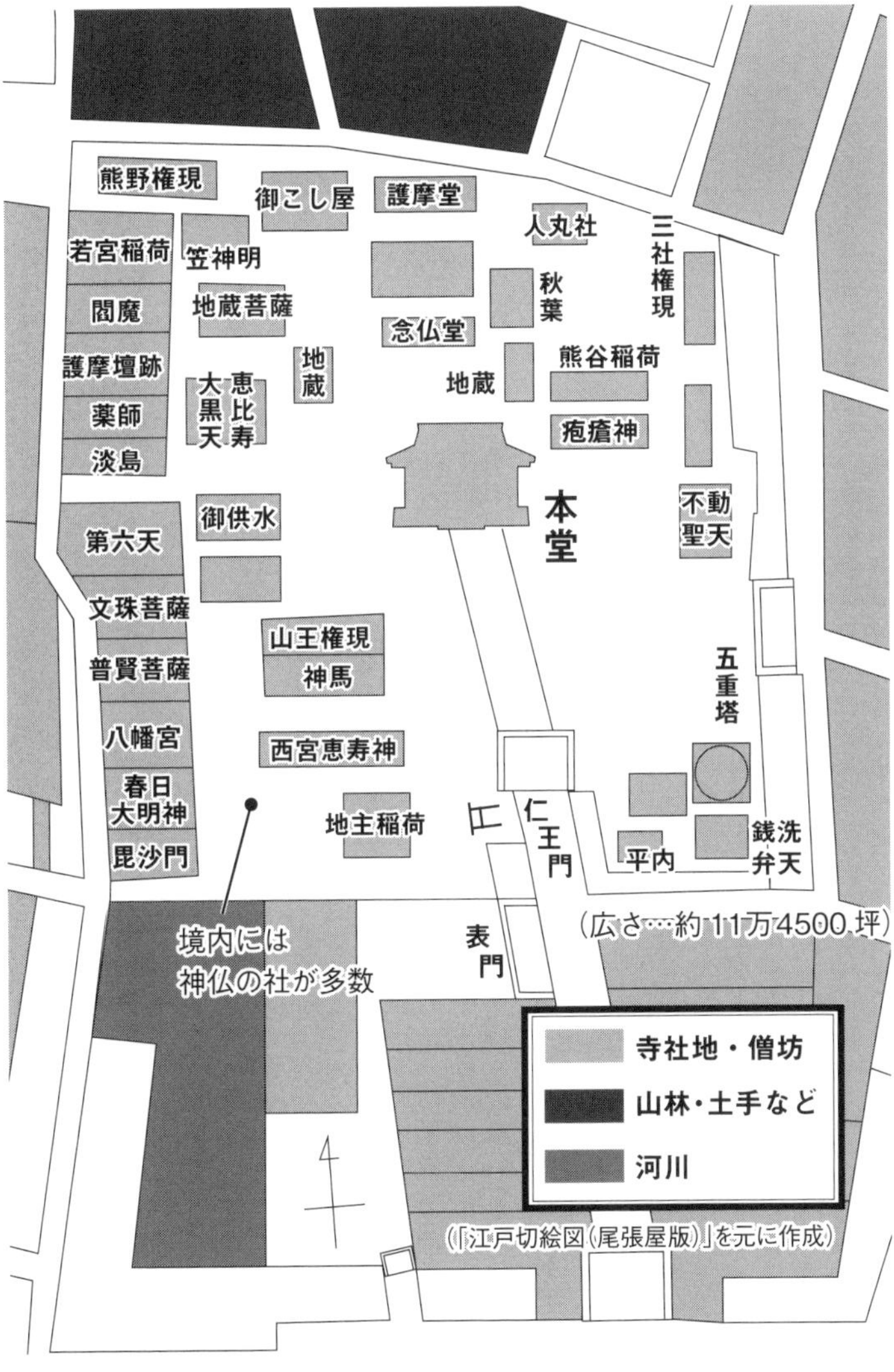
熊野権現
御こし屋
護摩堂
人丸社
三社権現
若宮稲荷
笠神明
秋葉
閻魔
地蔵菩薩
念仏堂
護摩壇跡
地蔵
地蔵
熊谷稲荷
大黒天
恵比寿
薬師
疱瘡神
淡島
本堂
不動聖天
御供水
第六天
文珠菩薩
山王権現
神馬
普賢菩薩
五重塔
八幡宮
西宮恵寿神
春日大明神
地主稲荷
仁王門
銭洗弁天
平内
毘沙門
境内には
神仏の社が多数
表門
(広さ…約11万4500坪)
寺社地・僧坊
山林・土手など
河川
(「江戸切絵図(尾張屋版)」を元に作成)

多くの人でにぎわう江戸時代の浅草寺。町人だけでなく、武士や旅人と思しき人の姿もみえる（葛飾北斎「浅草金龍山観音境内之図」）

いたが、境内の神仏は観音様だけではない。本堂の左手だけをみても、「山王権現」「毘沙門」「春日大明神」「八幡宮」「普賢菩薩」「文殊菩薩」「第六天」「淡島」「薬師」など数多くの神仏が鎮座していたことがわかるが、これは一部に過ぎなかった。**境内全体で何と一六九体もの神仏が祀られていたか**らである。

浅草寺境内には観音信仰以外の参詣者、つまりは一六九体の神仏、それぞれの信者が御利益を求めて集まってきた。神仏には各々縁日があるため、境内に足を踏み入れると、いわば「毎日が縁日」の世界が展開されていた。そうした光景を指して、浅草寺は神仏のデパートと研究者の間で称されることさえある。**境内に祀られている多数の神仏は、浅草寺の図抜けた集客力の源泉となっていた。**

なお本堂の右手に「三社権現《さんじゃごんげん》」とあるが、これは現在の浅草神社のことである。江戸・東京の祭りの象徴である三社祭りとは、かつては浅草寺境内にあった浅草神社の祭りだ。三社権現の南に五重塔が立っているが、現在は参道を隔てた反対側に聳《そび》え立つ。

❖境内に飲食店が立ち並ぶ

浅草寺は内外の観光客が押し寄せる東京の代表的な観光名所だが、その賑わいのシンボルは仲見《なかみ》世《せ》通りとなるだろう。雷門から仁王門へと向かう参道つまり仲見世通りに立ち並ぶ飲食店や土産物店が賑わいに拍車をかける光景は、江戸も今も同じである。

しかし、飲食店や土産物店は仲見世通りだけに立ち並んでいたのではない。境内各所そして門前にも数多く立ち並んでいた。それも飲食店や土産物店だけではなかった。

境内に出店している店の数は時代によって違いがあるが、安永9年（1780）には二六三店を数えた。その約三割にあたる七四軒が仁王門の界隈で店を開き、次が随身門《ずいじんもん》界隈で二八軒。本堂の後方で二五軒。三社権現前で二〇軒という出店状況だった。

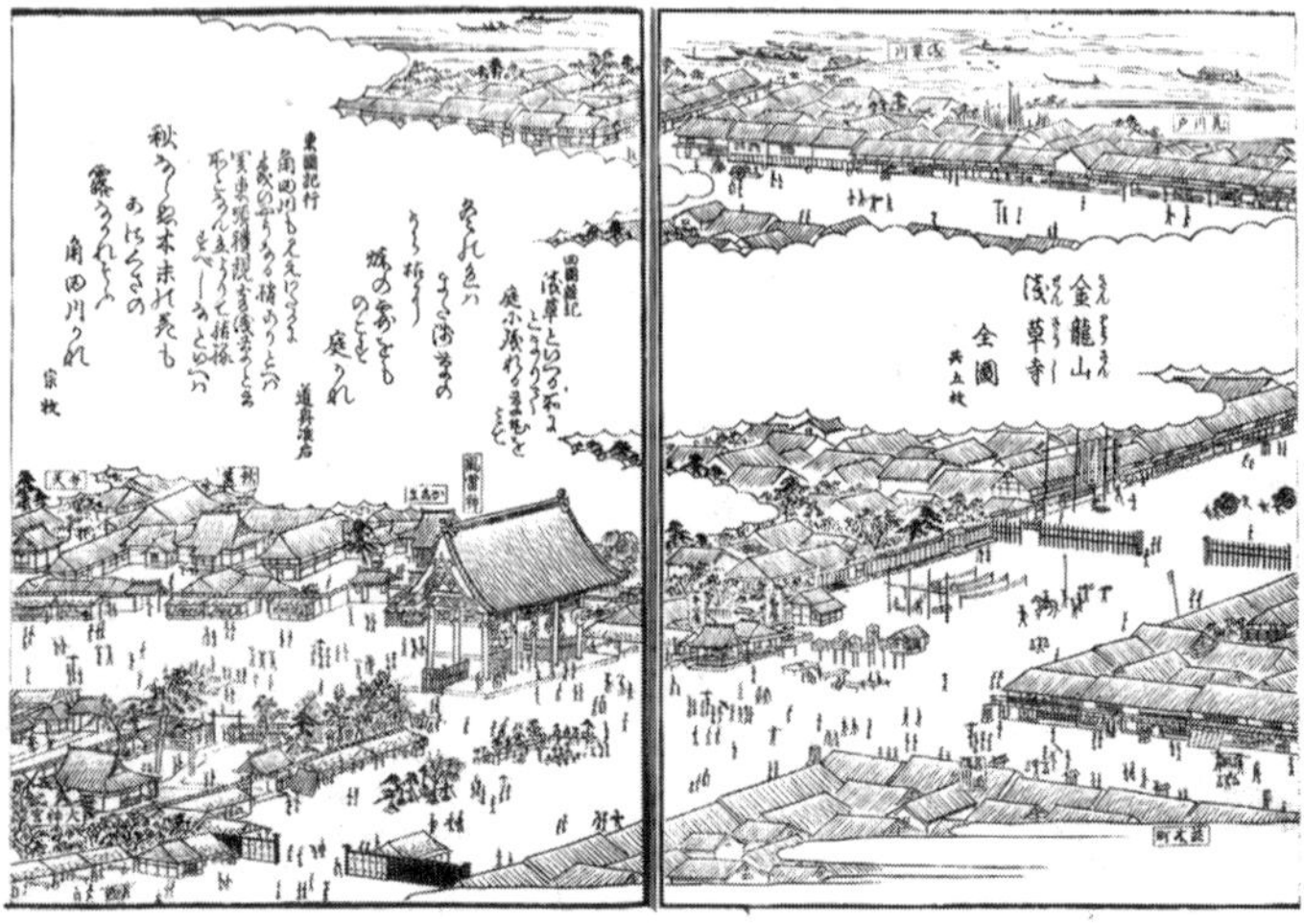

浅草寺を俯瞰した図。仲見世通りにいくと飲食店や土産物屋、日用品売り場などがあり、境内全体がショッピングセンターのような顔も持っていた（『江戸名所図会』国会図書館所蔵）

業種でみると、水茶屋が九三軒でダントツだ。水茶屋とはお茶や軽食を提供する店であり、現代風に言えばカフェである。そのほか飲食店では、団子茶屋が九軒。飴見世が四軒。菜飯《なめし》茶屋（青菜入りのご飯を売る店）が三軒出店していた。

飲食店だけでなく、生活用品を売る店もあった。寺社境内の店と言えば今は土産物屋が定番だが、この時代は日用品も売られていた。なかでも歯ブラシとして使用された楊枝《ようじ》や小間物などの生活用品を売る楊枝屋が六九軒を数えた。浅草寺境内は楊枝屋が多数出店していることで知られており、看板娘を揃えて売上アップを目論んだ。お歯黒の染料である

「五倍子粉《ふしのこ》」を売る店も二〇軒あった。

このほか、雷門をはじめ浅草寺の各門前で営業している店も八〇軒余あった。浅草餅、羽二重団子などの和菓子を売る店が多く、現在も仲見世近くで営業中の安政元年（1854）創業の梅園は、浅草寺別院の梅園院《ばいおんいん》の一隅で開業したと伝えられる。境内と門前の店と合わせれば、その数は約三五〇軒にも達した。

寺社の境内・門前に飲食店や土産物店、そして生活用品を売る店が立ち並ぶ光景は何も浅草寺だけにあてはまることでもなかった。**江戸の寺社境内地は大なり小なり、カフェ街そしてショッピングセンター街としての顔を持っていた**からである。

江戸の間取り
23

日枝神社・神田明神

崇敬を集めた江戸城と江戸の鎮守

❖江戸城の鎮守日枝神社

江戸の寺社地の総面積約二六六万坪の大半は寺院の境内地であり、神社の境内地はその約3％にあたる七万九〇〇〇坪に過ぎなかったが、寛永寺・増上寺に勝るとも劣らず幕府から厚く崇敬され江戸っ子の心の拠り所になっていた神社があった。**山王権現《さんのうごんげん》（現日枝神社）と神田明神《かんだみょうじん》（現神田神社）**の二社である。**特に山王権現は江戸城の鎮守として幕府からも崇敬されたが**、その由来は徳川家でなく太田道灌《おおたどうかん》の時代に遡る。

江戸城は徳川家康が居城に定めたことで徳川家のシンボルとなったが、それ以前は関東の雄・北条家の持ち城の一つだった。本を正せば、長禄元年（1457）に太田道灌《おおたどうかん》が築城した城である。

◎日枝神社（山王権現）周辺の俯瞰図

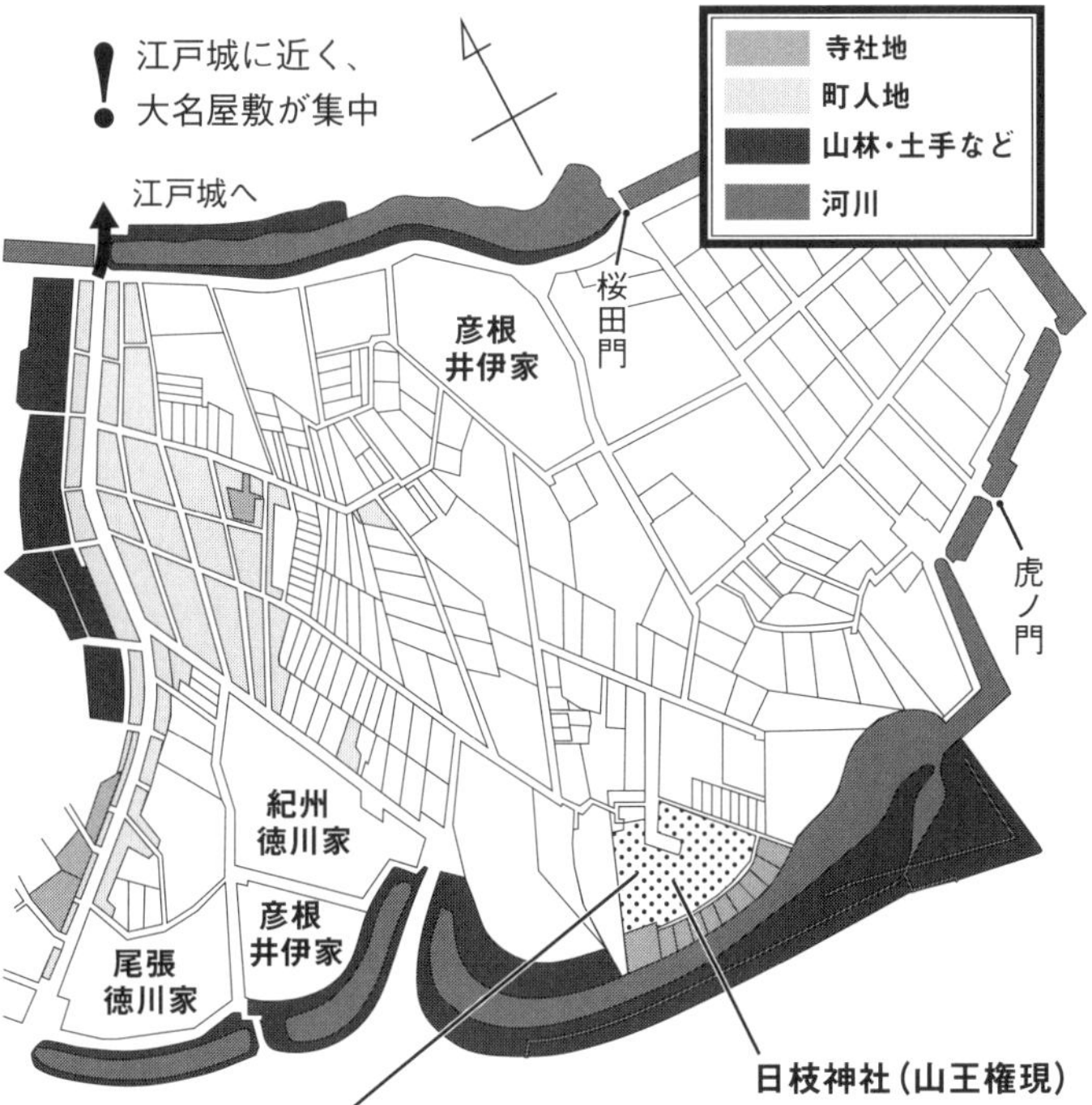

寛永寺や増上寺に比べると境内は広くないが、社殿は両寺と同じ権現造。幕府の費用で建設された

江戸城の総鎮守。もとは 1478 年、江戸城を治めていた太田道灌が川越から勧請（神仏を別の地へも新たに迎えること）した神様。江戸を治めることになった家康は、この神を徳川家の守り神として位置付けた。江戸城内にあったが、大火で社殿が焼失したのをきっかけに、この地に遷された

道灌は築城に際し、武蔵国の川越に鎮座していた山王権現社を勧請する。築城から約二〇年後の文明一〇年（1478）のことだが、ここに山王権現が江戸城の鎮守として位置付けられる歴史がはじまる。

天正18年（1590）に北条家に代って関東の太守となった徳川家康は居城と定めた江戸城を関東支配の要とするため、拡張工事に着手する。二の丸や三の丸を合わせる形で本丸の規模を拡大させたが、その際に**江戸城の鎮守・山王権現を徳川家の産土神《うぶすながみ》として位置付ける**。産土神とは**生まれた土地の守り神**のことである。

慶長9年（1604）には、三代将軍となる家光が江戸城内で生まれる。江戸城で生まれた家光にとり、江戸城内に鎮座する山王権現は名実ともに産土神となったわけである。

徳川将軍家の産土神たる山王権現には、初代将軍の家康から神領として五石が寄進されていた。二代秀忠の代になると一〇〇石に増えるが、三代家光は一躍六〇〇石もの神領を寄進する。産土神である山王権現への信仰の証だった。

家光誕生後、城内に鎮座していた山王権現社は江戸城の拡張工事に伴い、城外に遷座《せんざ》することになった。城内の紅葉山から半蔵門の外に遷《うつ》ったが、明暦3年（1657）に起きた明暦の大火で社殿が焼失したのを契機に、187ページの図で描かれたとおり現在地へ遷座となる。

江戸を代表する山王権現の祭り「山王祭り」を描いた錦絵。山王権現の祭礼行列は城内に入り、将軍の御上覧を受けた（歌川貞重「山王御祭礼図」部分・東京都立中央図書館特別文庫室所蔵）

図からも分かるように境内はさほどの規模ではないが、江戸城の鎮守そして徳川将軍家の産土神であったことから、幕府からは厚い保護を受けた。寛永寺や増上寺の伽藍と同じく、幕府の費用で万治《まんじ》2年（1659）に権現造の社殿が造営されている。江戸初期権現造の代表的な建物として明治に入って国宝に指定されたものの、昭和20年（1945）5月に戦禍に遭い、末社の山王稲荷神社を残して烏有《うゆう》に帰してしまう。

❖将軍の御上覧

江戸城の鎮守だった山王権現に対し、江戸総鎮守と称されたのが神田明神である。天平《てんぴょう》2年（730）、東京の大手町に鎮座する将門塚の辺

江戸鎮守の社として徳川家から厚遇された神田明神。丸で囲った箇所には「みこし蔵」（祭礼道具を入れた倉庫）がみえる（『江戸名所図会』部分・国会図書館所蔵）

りで創建された神田明神は、太田道灌や北条家など名立たる関東の戦国武将から厚く崇敬された江戸の総鎮守だったが、慶長5年（1600）の関ヶ原合戦の際に家康の戦勝を祈願して見事勝利を収めたことで、徳川家つまり幕府からも厚く崇敬されるようになる。

家康が死去した元和2年（1616）に現在地へ遷座し、山王権現と同じく幕府の費用で社殿が造営された。その後も、明暦の大火や目黒行人坂の大火で社殿が焼失した際は、幕府が再建を援助した。

神田明神の境内図をみると、本社の左手に**「みこし蔵」**という建物がある。平将門など神田明神の祭神の神輿を入れた蔵のことだが、その祭礼（神田祭）は山王権現の祭礼（山王祭）と同じく幕府から特別の待遇を受けていた。幕府から費用の一部が補助されるだけでなく、**神輿を中心とする祭礼行列が江戸城内に入ることが許され、将軍御上覧の栄誉に浴した**のである。

これにより両祭は「天下祭」と称されたが、山王権現が江戸城の鎮守、神田明神が江戸総鎮守という由緒を持っていたことへの幕府の配慮に他ならなかった。それゆえ、祭礼を通じて両社の氏子である江戸っ子の心には将軍との一体感が醸成され、将軍のお膝元に住むことに限りない誇りを持つようになるのである。

江戸の間取り
24

寺社境内の開帳小屋
江戸の人々が殺到したイベント会場

❖境内はイベント会場としての顔もあった

先にみた浅草寺に限らず、寺社の境内・門前には飲食店や土産物店、生活用品を売る店が数多く立ち並んでいたが、それだけではない。多彩な芸能が興行される芝居・見世物小屋などが立つことも珍しくなかった。**境内は江戸のエンタメ空間としての顔も持っており、江戸っ子は寺社にお参りに行くと、飲食のみならず芝居や寄席などの娯楽も日常的に楽しむことができた**のである。

江戸時代は現代とは違い、イベントホールのような集客施設は限られていた。室内施設としては歌舞伎小屋が代表的なものだが、人が集まりやすい場所と言えば広大な寺社の境内地を置いて他になかったことが、エンタメ空間としての顔を持つ背景となった。そんな寺社境内地を会場に、**開**《かい》

◎成田山新勝寺の開帳小屋の間取り図（1806）

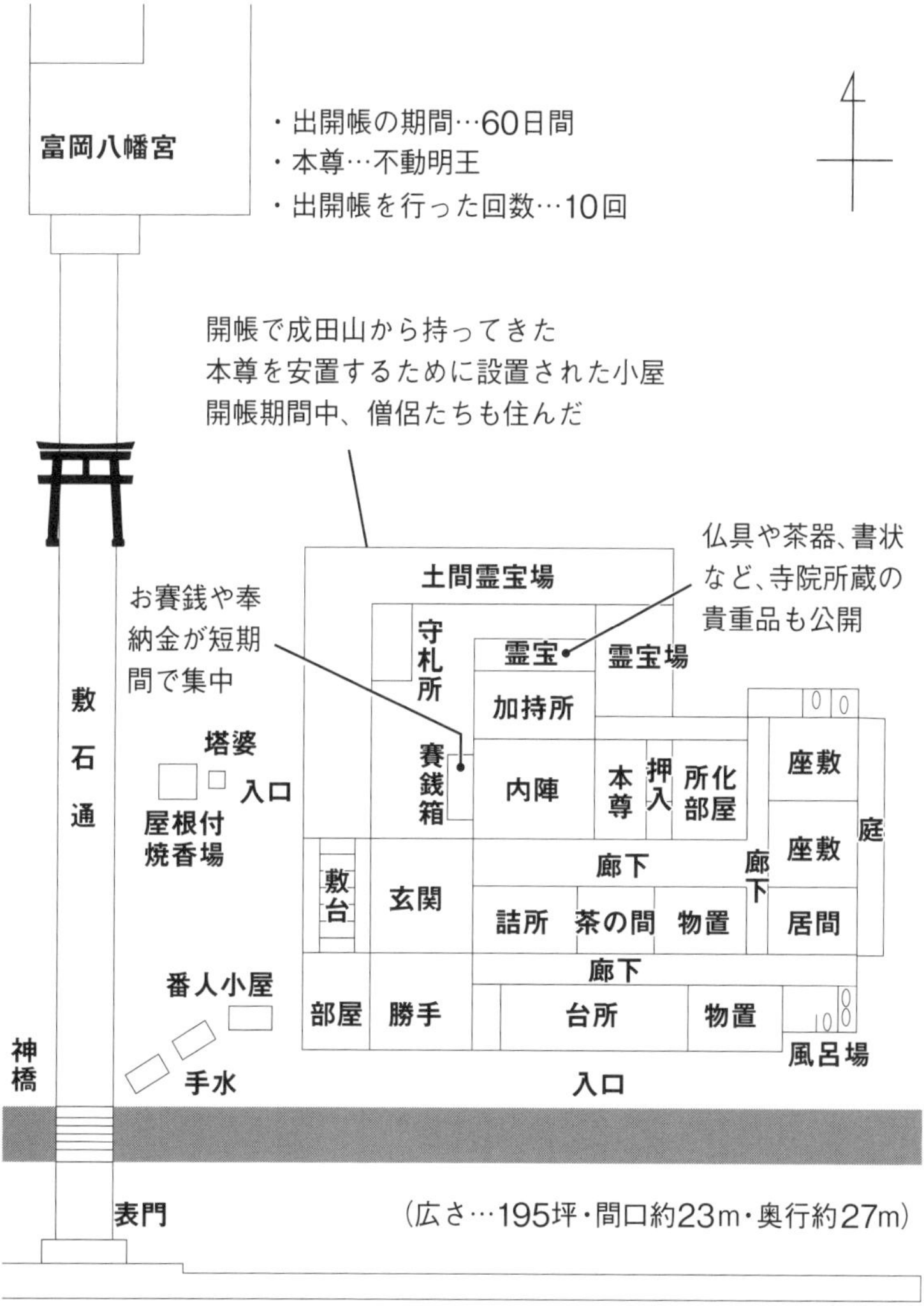

（安藤優一郎『観光都市 江戸の誕生』所収図を元に作成）

帳《ちょう》と呼ばれる宗教的行事も頻繁に執り行われた。

開帳とは秘仏などを期間限定で公開する宗教的行事であり、現在でも広くおこなわれている。その寺社で開帳する居開帳と、他の寺社（宿寺《やどでら》と呼ばれる）の境内を借りて開帳する出開帳の二種類があった。

百万都市の江戸で開帳すると、マーケットの巨大さゆえに短期間で相当の収益を上げることが可能だった。つまりは御賽銭や奉納金が大いに期待できた。そのため、地方の寺院は争うように江戸出開帳を企画したが、その代表的な寺院としては**成田山新勝寺**が挙げられる。

江戸時代を通じて、成田山では都合一〇回にわたり江戸出開帳を執り行った。深川永代寺の境内に造った仮設小屋に本尊の不動明王を安置し、江戸っ子の参拝を受けたのである。出開帳の期間は六〇日間だったが、以下、文化3年（1806）の江戸出開帳の事例をみていこう。

成田山が開帳場として借用したのは、当時は永代寺境内に鎮座していた富岡八幡の境内である。本殿近くの四九四坪の地所を借用して本尊を安置する小屋を建てたが、開帳の許認可権を持っていた幕府の寺社奉行所に提出された開帳場（小屋）の見取り図をみてみよう。

小屋の規模は間口一三間（約二三メートル）、奥行き一五間（約二七メートル）の都合一九五坪だった。板葺き・板囲いの仮設小屋とはいえ、内部をみると居間などいくつもの部屋があった。台所・

両国の回向院における出開帳の様子（『江戸名所図会』国会図書館所蔵）

物置・風呂場までもある本格的な小屋だった。開帳期間中、成田山の僧侶たちが住んだわけである。

❖開帳場の光景

江戸出開帳の宿寺として最も使われたのは、隅田川に架かる両国橋近くに立つ**回向院**《えこういん》という寺院だった。当時、両国橋は人の往来が激しい場所として知られており、そうした立地環境に地方の寺院は目を付けた。

頻繁に開帳場を訪れ、その感想を日記に書き残した神田雉子町《きじちょう》の名主斎藤月岑《げっしん》は、自らが編纂した「江戸名所図会」でも回向院での出開帳の様子を図入りで紹介している。回向院が開帳

回向院を描いた錦絵（歌川広重「名所江戸百景　両ごく回向院元柳橋」）

場のシンボルのような寺院だったからだ。

天幕の下にいる僧侶は開帳されている神仏や寺社の由緒を説明している。その前方では、開帳中の神仏の姿が描かれた御札や開運の御守りなどの、様々な関連グッズが売られた。

右側には賽銭箱の前で拝む人々の姿が描かれているが、その先に開帳中の神仏があった。そして、天幕から角塔婆《かくとうば》（回向塔という）まで張られている綱は神仏の手と塔婆を結ぶ**「御手綱《おてづな》」**だ。参詣者はこの御手綱を強く握りしめることで開帳された神仏の手に直接触れたことになり、御利益に与るというわけである。

賽銭箱の右手には奉納所が設けられ、その左手には奉納者の名前が書かれた提灯が掛けられている。奉納者にとり、開帳場とはPRの場でもあった。

この図には描かれていないが、開帳小屋には神仏のほか、その寺社ゆかりの霊宝も陳列されるのが定番だった。先の開帳小屋の図をみると、「霊宝場」「土間霊宝場」というコーナーが設けられていたことがわかるが、これなどは集客力を高める工夫に他ならない。寺社はあの手この手を使って参詣者を増やすことで収益を少しでも挙げようとしていたのである。

第五章 江戸郊外地の間取り

江戸四宿の分布

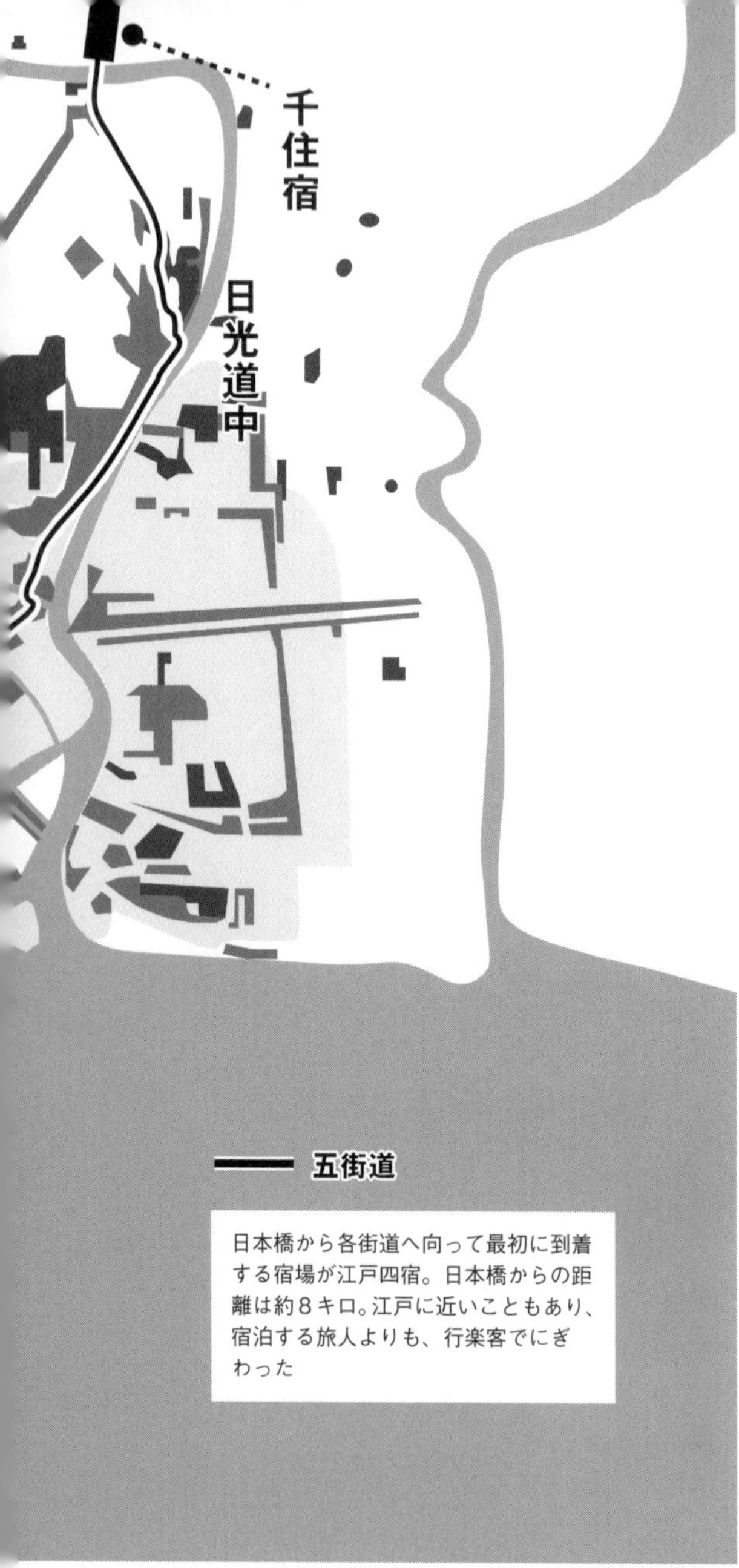
千住宿
日光道中
五街道
日本橋から各街道へ向って最初に到着する宿場が江戸四宿。日本橋からの距離は約8キロ。江戸に近いこともあり、宿泊する旅人よりも、行楽客でにぎわった

板橋宿
中山道
日本橋
江戸城
甲州道中
内藤新宿
渋谷
東海道
品川宿
（『徹底図解　江戸時代』所収図などを元に作成）

江戸郊外地の基本

町場化した周辺農村を編入して町奉行支配に組み入れることで江戸は百万都市へと成長したが、江戸の町と郊外の境目にあったのが江戸四宿《えどししゅく》と呼ばれた宿場である。東海道品川宿、甲州道中内藤新宿、中山道板橋宿、日光・奥州道中千住宿の四つだ。

日本橋を起点として五街道は放射状に伸びていたが、その最初の宿場が江戸四宿というわけである。ただし、日光道中と奥州道中は宇都宮宿で分岐するため、千住宿は両道中最初の宿場町を兼ねる格好になっていた。

この四宿は江戸郊外にあったため、町奉行の支配下にはなかった。農村部を支配する幕府代官の支配下に置かれていた。言い換えると、郊外は農村地帯だったものの、宿場だけは町場化していたのである。

江戸は町が行政単位だったのに対し、農村部は村が行政単位であった。町には名主が置かれて町奉行所から行政事務を委託されたが、村も同じく名主が置かれて代官から行政事務を委任された。行政の末端機構を担っていたため、町名主は町役人、村名主は村役人と呼ばれた。

町・村役人に任命された町人や農民は、幕府によって一般の町人や農民と差が付けられていた。苗字を名乗ることを許されたのはその一例だが、その差は住宅の造りにも表われている。一般

江戸四宿のひとつ板橋宿（渓斎英泉「木曽街道六拾九次 板橋之駅」国会図書館所蔵）

の町人や農民には許されない玄関を構えることを許されたのだ。町・村役人として行政の末端機構を担っていたからである。

江戸時代に入ると、武士は所領の農村から引き離されて城下町に集められたが、警備のため土着させた事例もみられた。例えば、幕府は甲州道中の八王子宿周辺に「八王子千人同心」と称された武士を土着させ、甲州口警備の任務を担わせている。ただ、武士身分であるとはいえ、郊外に巨大な敷地を有する豊かな豪農と比べると、その暮らしは質素だった。

実はこうした郊外地も、江戸の暮らしを支えていた。行楽地として人気を集めた場所もあれば、武士の娯楽や消費を支えた場所もあったのだ。順にみていこう。

江戸の間取り
25

宿場町

参勤交代で武士も利用した地域経済の中心地

❖客層にあわせて武家屋敷の造りに

宿場町と言えば街道に沿って旅籠屋《はたごや》が立ち並んでいるのが定番の光景だが、その中心は何といっても**本陣**《ほんじん》である。江戸四宿のうち人やモノの往来が最も激しかった**品川宿**を事例に、本陣を中核とする宿場の街並みをみてみよう。

北品川宿、南品川宿、歩行新宿の三宿から構成された品川宿の街並みは、南北に一九町四〇間（約二一四五メートル）の規模であった。天保14年（1843）時の数字によれば家数は一五六一軒。人口は六八九〇人で、男が三二七二人、女が三六一八人だった。

本陣とは、参勤交代中の大名が宿泊する施設のこと。大名のほか公家や公用で幕府の役人が泊

◎品川宿本陣の間取り図

本陣…参勤交代中の大名が宿泊する施設
家臣たちは旅籠屋に宿泊

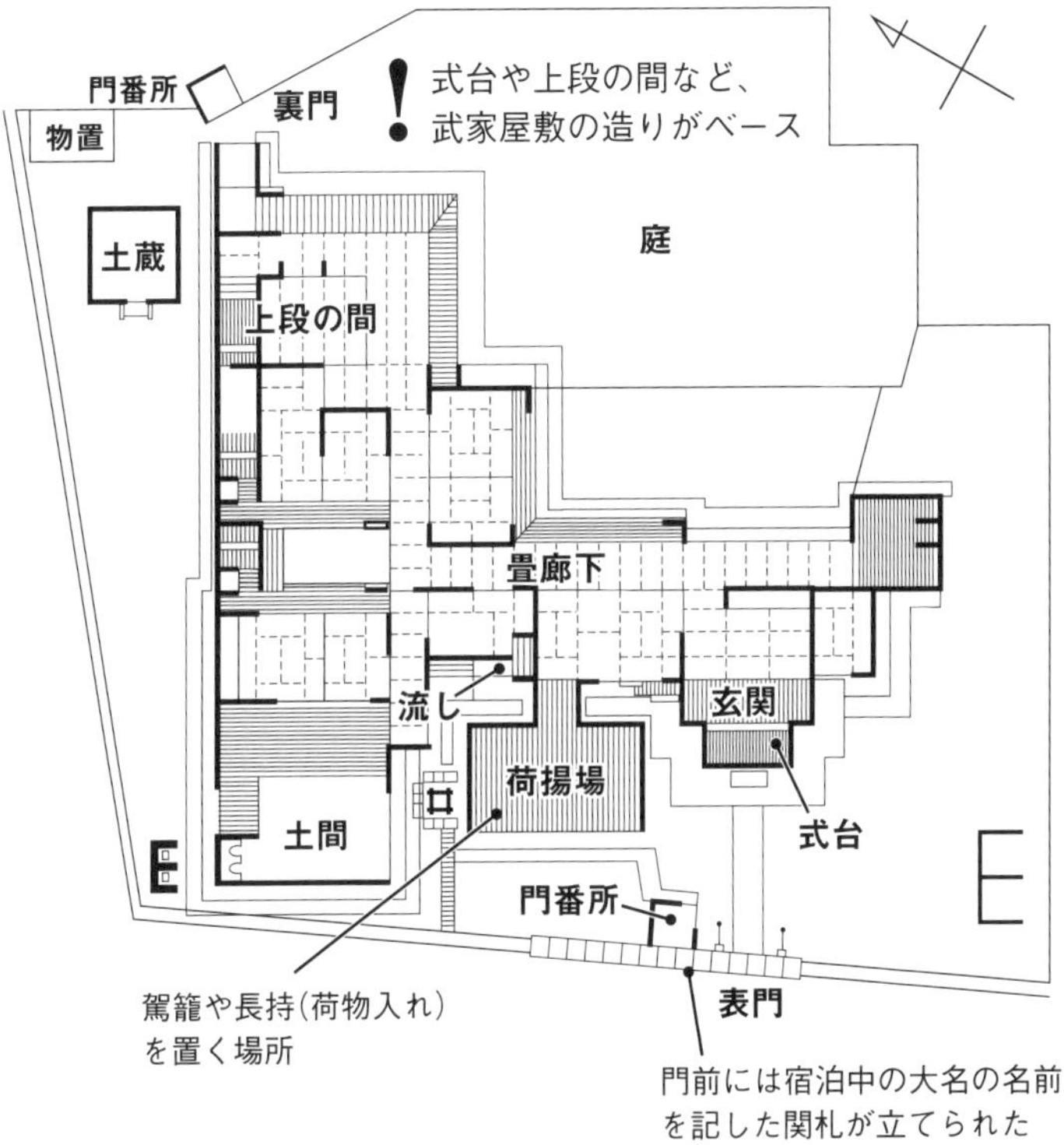

◎品川宿の規模

- 南北2145ｍ
- 北品川宿、南品川宿、歩行新宿の３宿で構成
- 家数1561軒(1843年)
- 人口6890人／男3272人、女3618人(1843年)

(品川歴史館の解説図を元に作成)

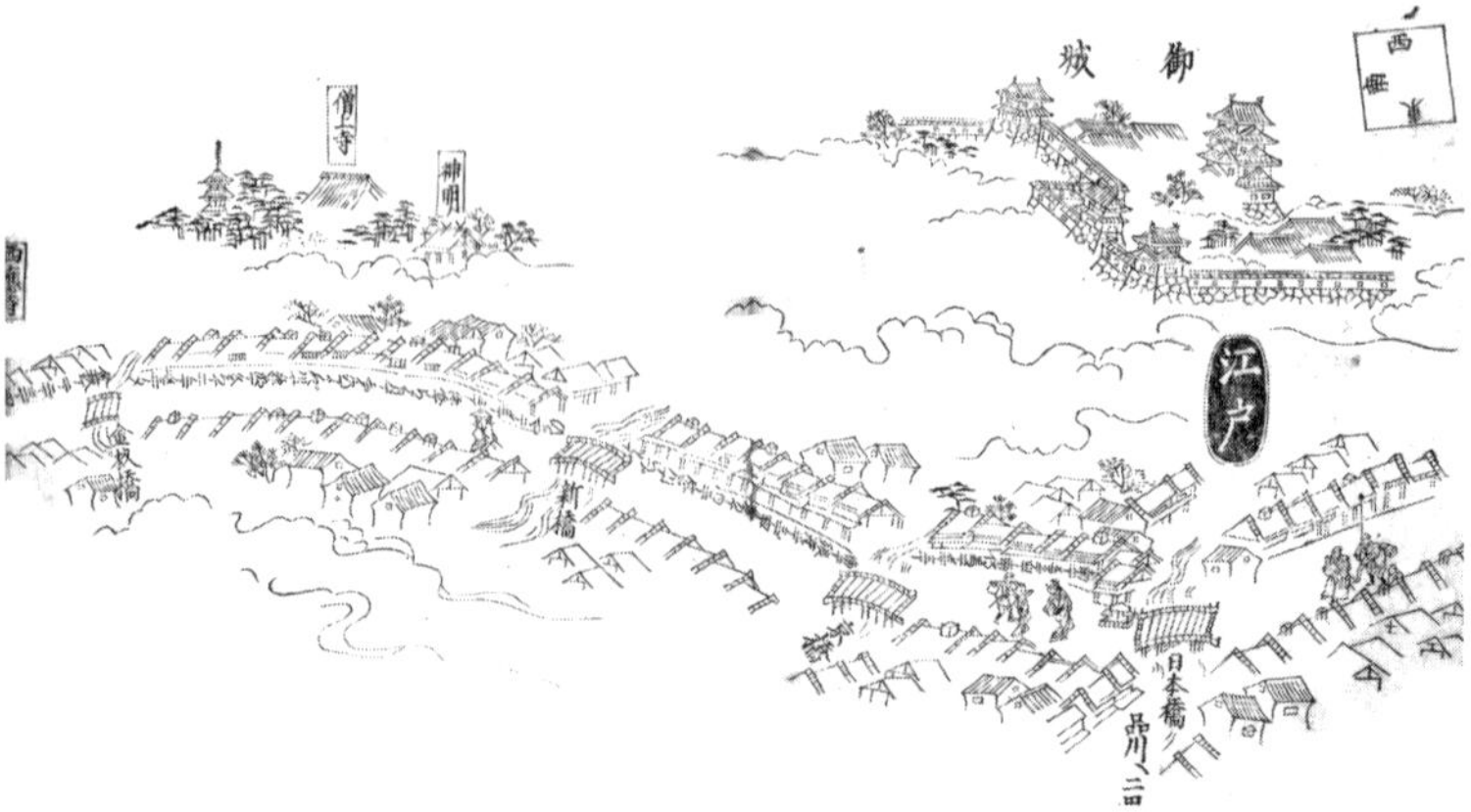

のターミナルとしても栄えた（「東海道分間絵図」部分・国会図書館所蔵）

まる場合もあった。要するに**身分の高い者の専用宿舎**であり、一般庶民は宿泊できなかった。他の大名が本陣に宿泊する場合に備え、別に脇本陣が置かれることもあった。品川宿には本陣が一軒、脇本陣が二軒置かれたが、本陣があったのは北品川宿である。その跡地は現在、品川区立聖蹟《せいせき》公園となっている。

本陣の間取り図からも分かるとおり、表門・裏門の門構え、玄関と式台、大名が乗る駕籠のほか荷物が収納された長持を置く荷揚場《にあげば》、そして書院造りの上段の間が備わっていたのが建物の特徴だ。まさに**武家屋敷の造り**である。宿泊中は、本陣の門前に大名の名前が記された「関札《せきふだ》」という木札が立てられるのが習いだった。

大名は本陣に宿泊するが、随行する家臣（藩士）たちは旅籠屋に宿泊した。その日は大勢の家臣が宿泊

品川宿を俯瞰した図。海に面していたことから、陸路としてだけでなく、海上交通

するため旅籠屋だけでは足りなくなり、大名が宿泊する日は一般の旅人は泊まれないことが多かった。

❖歓楽街としての顔もあった

品川宿を鳥瞰した図をみると、江戸湾に面した海辺の宿場だったことが一目瞭然である。風光明媚な場所にあったため、**行楽地としての顔も持っていた**。北品川宿と南品川宿を区切る形で江戸湾に流れ込む目黒川の河口には品川湊があり、出入港する船でたいへん賑わった。品川は陸上のみならず、海上交通のターミナルであった。

宿場町というと街道を旅する旅人を泊める町のイメージがどうしても強いが、実は宿泊だけの町ではなかった。様々な商人や職人が店を構えており、地

品川宿を描いた錦絵（歌川広重「東海道五十三次　品川宿」）

域経済の中核として賑わった。

商人では米屋・八百屋・酒屋など食料品を扱う店のほか、衣料品を扱う古着屋、そして飲食店などが数多く立ち並び、旅館街というよりも商店街・飲食街であった。そうした傾向は品川宿でも確認できるが、**なかでも飲食店が多かったのが特徴**である。お茶や軽食を提供する水茶屋が六四軒、火で調理した食べ物を提供する煮売り屋が四四軒、餅菓子屋が一六軒、蕎麦屋も九軒を数えた。

職人では大工が四六人、左官一四人、髪結一二人、桶職、屋根葺九人などが店を構えた。そのほか、建具職、仕立職、木具師、石工、経師なども住んでおり、旅館街のイメージに収まらない町だった。

◎品川宿の街並み

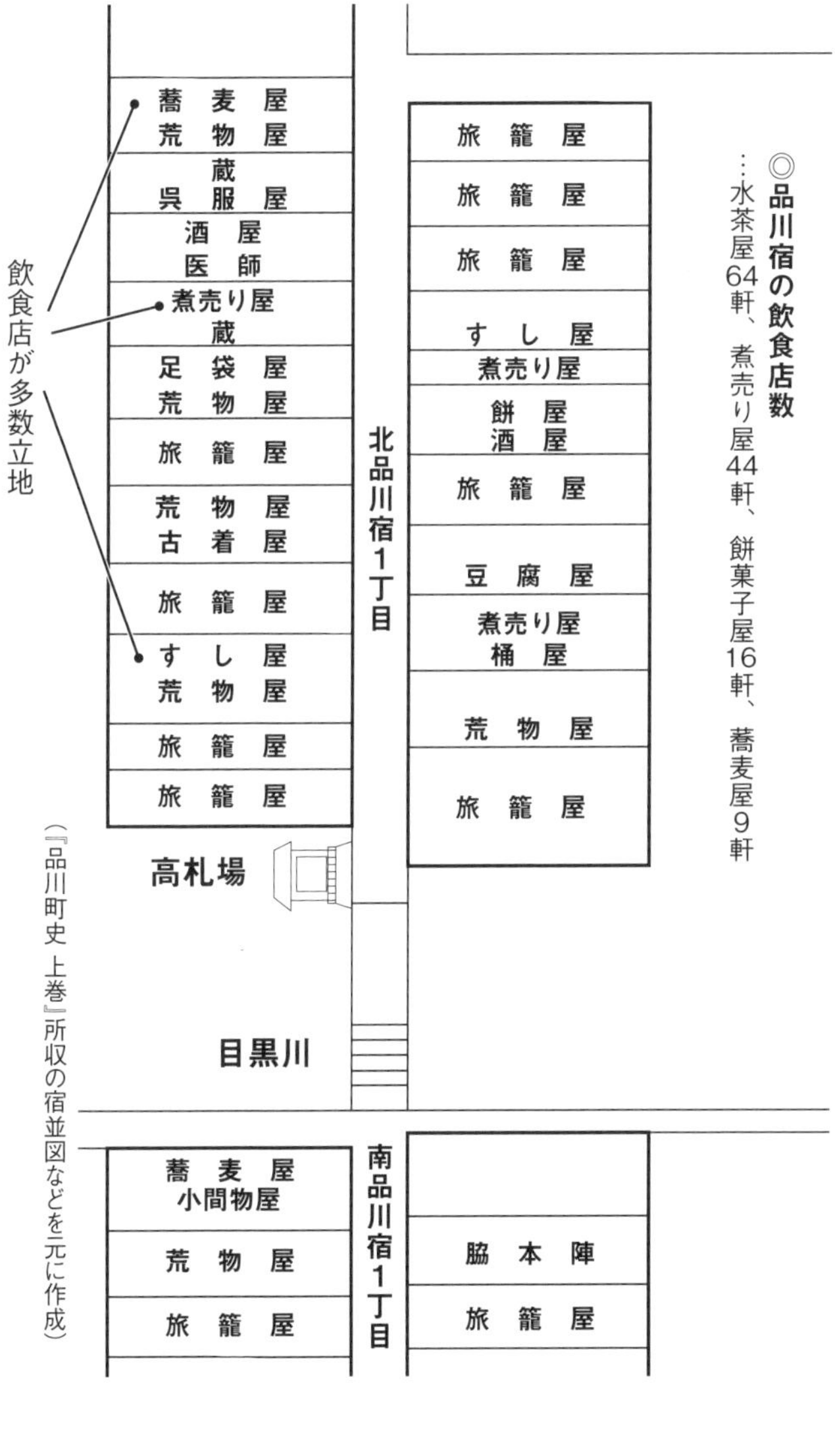

◎品川宿の飲食店数
…水茶屋64軒、煮売り屋44軒、餅菓子屋16軒、蕎麦屋9軒

（『品川町史 上巻』所収の宿並図などを元に作成）

遊女とおぼしき女性を配した品川宿の様子。宿場町の遊女商売は幕府から禁止されていたが、給仕する女性を遊女として働かせることは黙認されていた（歌川国貞「東海道五十三次之内　品川之図」国会図書館所蔵）

北品川町と南品川町の境目を描いた街並み図をみると、北品川町の南側には「煮売り屋」「豆腐屋」「餅屋」「酒屋」「すし屋」などの飲食店、北側には「荒物屋（雑貨屋）」「古着屋」「足袋屋」などの店が立ち並んでいたことがわかる。

もちろん、宿場のメインが旅籠屋だったことは言うまでもない。品川宿などは**飯盛女**《めしもりおんな》と呼ばれた女性が働く飯盛旅籠が九三軒、飯盛女が置かれていなかった旅籠屋も一九軒あった。飯盛女とは宿泊客に御飯を盛ることを役目とした女性のことだが、別の顔も持っていた。遊女として働いたのだ。

幕府は吉原など特別に認めた場所以外での遊女商売は禁じるスタンスを取っていた。そのため、宿場であれ旅籠屋での遊女商売を認めることはできなかったが、旅人に給仕する女性を飯盛女という名目で置くことは容認した。旅籠屋が遊女として働かせていても見て見ぬふりをしたのである。

旅籠屋に必ず飯盛女が置かれたわけではない。飯盛女を置かない旅籠屋もあったが、飯盛女を抱えることで大いに繁昌したのは事実だ。宿場の繁栄にもつながっていた。

品川宿の飯盛女の数は、幕府により五〇〇人が上限と定められていた。同じ江戸四宿の内藤新《ないとうしん》宿《じゅく》・板橋宿・千住宿は各一五〇人が上限とされたが、実際は規定をはるかに超える飯盛女がいた。品川宿に至っては最盛期には一五〇〇人いたと伝えられ、**北の吉原、南の品川宿と並び称されるほどの歓楽街だった**。

宿場で遊女商売を営んだのは旅籠屋だけではない。茶屋も給仕の女性を遊女として密かに働かせていた。飯盛女とともに宿場の賑わいを陰で支える存在だった。

江戸の間取り 26

八王子千人同心組頭の家

農民でありながら武士だった江戸の警護役

❖土着した武士・千人同心

戦国時代まで武士は自分の所領を守るため農村に住むのが普通だったが、江戸時代に入ると、幕府（将軍）に仕える幕臣にせよ、藩（大名）に仕える藩士にせよ、武士は主君の居城の周辺に住むことが強制される。所領の農地から切り離されて城下町への集住を命じられたのだ。一言で言うと、兵農分離である。

そんな幕府や藩による城下町集住政策には、家臣の土地に対する支配権を弱めることで主君の権力基盤を強化したい目論見が秘められていた。自分のお膝元である城下町に住まわせることで、家臣への監視を強化できるメリットもあった。叛逆も未然に防げた。

◎千人同心組頭の屋敷の間取り図

千人同心…甲州道中から江戸へやってくる敵の侵入を阻止するために
土着を命じられた者たち。元は武田家に仕えた下級武士だった
武士身分だが、組頭と同心の住居や生活は農民に類似

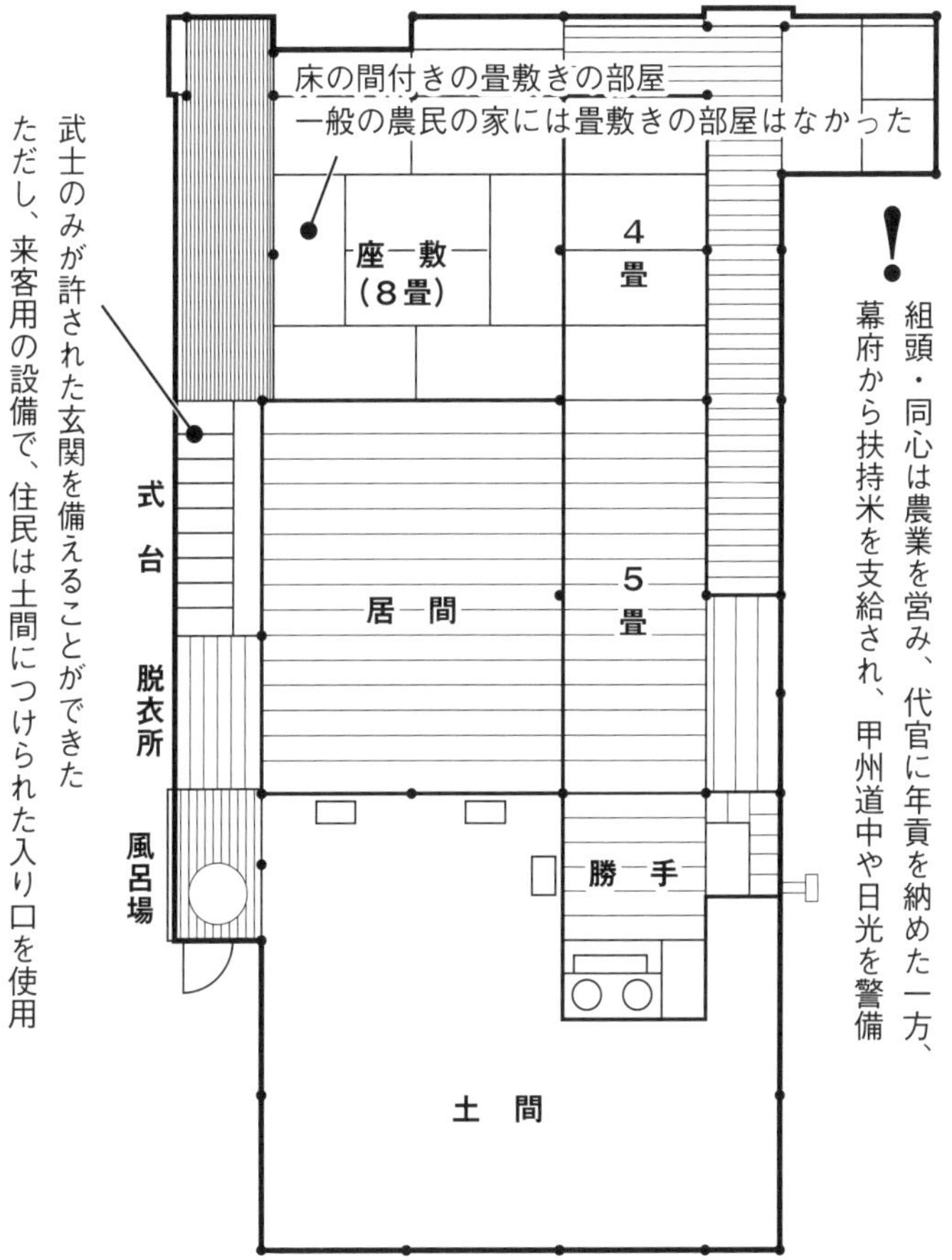
床の間付きの畳敷きの部屋
一般の農民の家には畳敷きの部屋はなかった
武士のみが許された玄関を備えることができた
ただし、来客用の設備で、住民は土間につけられた入り口を使用
座敷
(8畳)
4畳
式台
居間
5畳
脱衣所
風呂場
勝手
土間
組頭・同心は農業を営み、代官に年貢を納めた一方、
幕府から扶持米を支給され、甲州道中や日光を警備

(江戸東京たてもの園の図録を元に作成)

幕府の場合は江戸の城下町に住まわせて江戸城の警備にも当たらせたが、幕臣でありながら農村部に土着させた例外もあった。江戸から約四〇キロ離れた甲州道中八王子宿周辺に居住した**「八王《はちおう》子千人同心《じせんにんどうしん》」**である。

もともとは、戦国時代に甲斐の武田家に仕えた下級武士だったが、織田信長により武田家が滅ぼされると、その後甲斐を手に入れた徳川家康に召し抱えられる。そして、豊臣秀吉の命を受けて家康が関東へ転封され、江戸城を居城とすると、八王子への土着が命じられた。甲斐から甲州道中を経由し、敵が関東（江戸）に侵攻してくるのを防ぐための配置だった。

千人同心は名前のとおり、その数は最初約一〇〇〇人だった。一〇人の千人頭のもとに組頭が一〇〇人、その下に同心が八〇〇人、持添抱《もちぞえかかえ》同心が一〇〇人置かれた。合わせて一〇〇〇人だが、後に持添抱同心が廃止されたため実数は九〇〇人ほどとなる。

一口に千人同心つまり武士と言っても、**千人頭と組頭・同心では大きな格差があった**。二〇〇石～五〇〇石の知行地が与えられた千人頭はれっきとした武士だが、約三〇俵一人扶持の組頭は俸禄米も少なく、住居の外観が示すように農民のような生活を送っていた。同心に至っては、八王子宿から離れた農村部に住む上層農民であることが多かった。

普段、組頭や同心は農業を営み、幕府の代官に年貢を納めたため、支配される側の農民に他なら

江戸東京たてもの園に復元された千人同心組頭の屋敷（Image: 東京都歴史文化財団イメージアーカイブ）

なかった。しかし、その一方で、同じ幕府からは扶持米などを給付され、甲州道中に加えて日光東照宮の警備などにもあたった。その時は支配側の武士の立場だった。武士と農民二つの顔を持つ稀有な存在だったのである。

❖農家のようだが住むのは武士

千人同心の組頭や同心が武士と農民二つの顔を持っていた理由は、他の幕臣とは違って江戸城下以外の場所に住んでいたことに求められるが、そんな二面性は居住する屋敷からも確認できる。武士の家と農民の家を折衷したような構造だったからだ。

組頭屋敷の間取りをみると、武士としての家

千人同心組頭の塩野適斎が記した八王子の地誌。郷士らによる調練の様子を描いている（『桑都日記』国立公文書館所蔵）

を象徴する式台付の玄関が設けられていた。**玄関は武士に限って許され、幕府や藩の許可なく町人や農民が居宅に玄関を造ることはできなかった。**その点、組頭の実態は農民身分とはいえ、幕府からは武士としての身分を認められていたことになる。

ただし、玄関は来客用のものであり普段は使われなかった。家族の者は土間に付けられた入口から家の中に出入りした。

家の内部をみると畳敷きの部屋が二つあるが、八畳の部屋は床の間付の奥座敷だった。座敷飾りとして床の間が設けられるのはこの時代の武士の家の特徴であり、式台付の玄関と同じく、武士身分の居宅であることを示す造作だった。そもそも、一般の農民の家には畳敷きの部屋などなく、板の間の生活を強いられたのが実態である。その上に茣蓙などを敷いて座ったのだ。

このように、家の内部は武士屋敷の造りそのものだが、外観はあたかも農家のようであった。茅葺きの屋根だったからである。

武士の屋敷は主に瓦葺きだが、町人屋敷などは板葺きの屋根で、農民は茅葺きの屋根が定番だ。時期が下るにつれ、町人の屋敷でも武家屋敷のように瓦葺きの屋根が増える。城下町での火災に悩まされた幕府や藩が防火建築でもある瓦葺きを奨励したことで増えたが、農民の家（農家）は依然として茅葺き屋根のままだった。よって、茅葺きの屋根は農家のシンボルとなっていたのである。

江戸の間取り 27

豪農・吉野家の屋敷

御三家と交流し都市へのビジネスにも進出

❖商人の顔を持つ江戸近郊農村の豪農

江戸時代は士農工商という身分制度が採られていたが、先に取り上げた八王子千人同心のように武士と農民二つの顔を持つ者もいれば、**農民と商人二つの顔を持つ者もいた**。名主《なぬし》など村役人クラスの豪農と呼ばれる農民は農業だけでなく、商売を営むことが珍しくなかったのである。いわゆる兼業農家のような存在だった。

武蔵国多摩郡野崎村（現東京都三鷹市）で名主役を代々勤めた吉野家は、名主という公務を勤めるかたわら質屋を営んでいたが、それだけではない。草鞋《わらじ》や草履さらには酒まで醸造して販売している。

◎豪農吉野家の屋敷の間取り図

上級旗本並みの居宅に加え、寺子屋として使われたとされる別棟や、年貢米や農具、質草保存用の土蔵も有していた

床の間、違棚、付書院を備えた書院造の空間

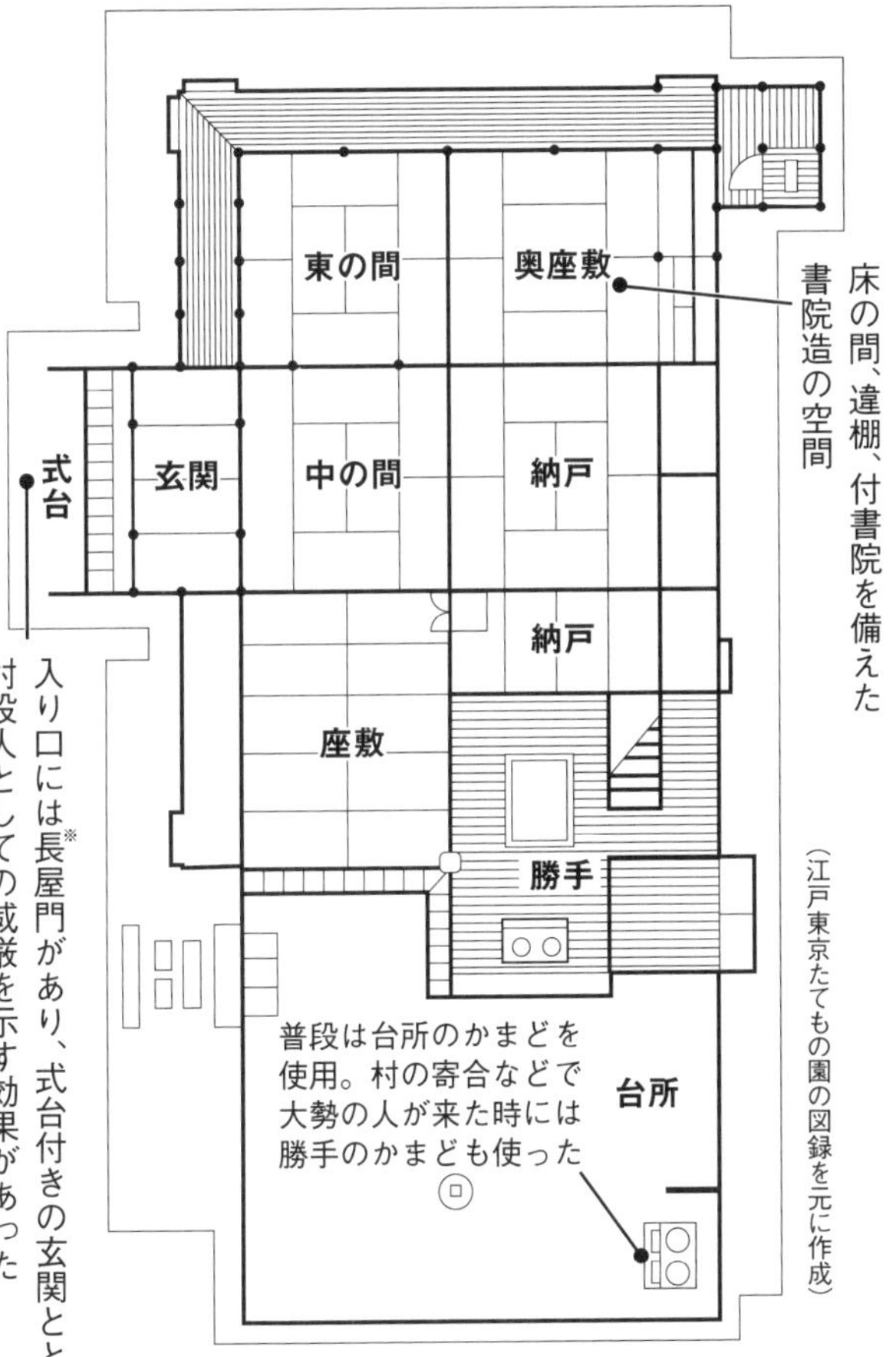
入り口には長屋門※があり、式台付きの玄関とともに村役人としての威厳を示す効果があった
普段は台所のかまどを使用。村の寄合などで大勢の人が来た時には勝手のかまども使った

※長屋門…武家屋敷の周囲を囲む長屋の一部を、門として開いた構造物。格式の高い特別な造りだった

江戸東京たてもの園に復元された吉野家の屋敷（Image: 東京都歴史文化財団イメージアーカイブ）

これは江戸に出荷したのではなく、地元で販売された。豪農には酒造業を営む者が多かったが、要するに地主であったため、収穫時期になると小作米が自然と大量に集まってしまう。それを酒造米に転用して醸造したわけだ。そうした事情は、吉野家においてもまったく同じである。

一般の農民たちも米だけを作っていたのではない。麦や雑穀類を栽培し、江戸の市場に出荷した。商品作物の栽培により現金収入を得ていた。

吉野家は手広く商売を展開した豪農だったが、その裕福さは居宅の間取りからもよくわかる。八王子千人同心の組頭の居宅と比べても部屋の数の多さが際立つ。奥座敷に至っては、床の間のほか違棚や付書院まで備わる書院造りであり、**あたかも上級武士である旗本クラスの屋敷のようであった**。下級武士の御家人は自宅に書院造りの部屋などを造る経済的な余裕はなかった。

台所と勝手にはそれぞれ竈が備え付けられていた。普段は台所の竈が使われたが、村の寄合など大勢の人がやって来た時は、勝手の竈も使って飲食の準備をした。

吉野家には居宅のほか別棟もあった。別棟には奥書院まであり、寺子屋として使用されたと伝えられている。年貢米や穀物の貯蔵、そして質草・農機具の保管に使われた土蔵が三棟もあった。そのほか倉庫である納屋もあり、手広く商売を展開した様子が建物からも窺える。なお、敷地には用水も引き入れられている。酒造に使われたようだ。

居宅への入口には大きな長屋門もあった。式台付の玄関とともに、村役人としての威勢を示す造りであった。

❖尾張藩主が鷹狩りで立ち寄った

吉野家住宅は寄棟《よせむね》造りの建物で茅葺きの屋根を持っていたが、外観で最も目立つのは玄関である。

吉野家玄関拡大図。玄関は来客時に使用された。丸印の部分が懸魚。懸魚は破風を風雨から守ったり、棟木を隠すためにつけられたが、次第に凝った装飾が施されるようになった（Image: 東京都歴史文化財団イメージアーカイブ）

千人同心組頭の居宅と同じく、玄関は来客用のもので普段は土間に付けられた入口から家の中に出入りしたが、破風には「鶴に雲」の懸魚《げぎょ》が付けられており、格式の高い玄関であった。**幕府の許可のもと造られた特別の玄関だった**のである。

そんな飾り付の玄関にしたのは、吉野家が迎える来客が非常に身分の高い人物だったからに他ならない。将軍に次ぐ高貴な身分だった**徳川御三家筆頭尾張徳川家の藩主が訪れることがあった**のだ。

野崎村など多摩郡は**将軍や尾張藩主の鷹場に指定されていた区域**だった。江戸時代、将軍や大名は飼い慣らした鷹を野山に放って小動物を捕獲する鷹狩りを好んだ。城内で堅苦しい生活を強いられたため、鷹狩りと称して野山を馬で駆け回るのは健康にもよかったが、江戸近郊の農村は将軍のほか、徳川御三家が鷹狩する場所（御鷹場《おたかば》）にも指定されていた。

鷹狩の様子。吉野家が居を構えた多摩郡も、将軍や御三家によって鷹場に指定されいていた（「千代田之表 鶴御成」部分）

こうして、野崎村は尾張藩主の鷹場となったが、野外活動であり大名たる藩主が食事や休憩を取る場所はいくつか必要となる。そこで休憩所に指定されたのが寺院や村役人の居宅なのであり、吉野家はその一つだった。

休憩のため吉野家を訪れた尾張藩主は玄関からあがり、「奥座敷」に迎えられた。「東の間」と「中の間」には随行の家臣たちが控えた。そして、吉野家の接待を受けたのである。

著者紹介
安藤優一郎（あんどう・ゆういちろう）
歴史家、文学博士（早稲田大学）。
江戸をテーマに執筆・講演活動を展開。主要著書に『大江戸の飯と酒と女』（朝日新書）、『江戸の不動産』（文春新書）、『大名屋敷「謎」の生活』（PHP 文庫）など。

参考文献
江戸文化歴史検定協会編『江戸文化歴史検定公式テキスト【上級編】江戸博覧強記』小学館、2007 年
中江克己『図説 見取り図でわかる！ 江戸の暮らし』青春新書インテリジェンス、2009 年
大岡敏昭『江戸時代の家』水曜社、2017 年

本文イラスト：梅脇かおり

百万都市を俯瞰する
江戸の間取り

2020 年 1 月 24 日 第 1 刷
2020 年 1 月 29 日 第 2 刷

著　者　安藤優一郎

発行人　山田有司

発行所　株式会社彩図社
東京都豊島区南大塚 3-24-4
ＭＴビル〒 170-0005
TEL：03-5985-8213　FAX：03-5985-8224

印刷所　シナノ印刷株式会社

URL：https://www.saiz.co.jp
Twitter：https://twitter.com/saiz_sha

　ISBN978-4-8013-0424-6 C0021